쉽게 따는

4단계 5급 한자

■ 저자 | **장개충**

• **저서:**

「가나다 활용옥편」, 「新1800 상용한자」,

「正統 漢子敎本」 등 편저(혜원출판사)

「고사성어·숙어 대백과」 편저(명문당)

「2350 字源漢字」 편저(느낌이 있는책)

외 10여편.

• **현재**, 좋은세상 출판기획사 대표

쉽게 따는
4단계 5급 한자

개정판 1쇄 발행 · 2010년 8월 27일
개정판 3쇄 발행 · 2025년 2월 10일

지은이 · 장개충 **감수** · 홍진복
편 집 · 김수정 **디자인** · 유정화
삽 화 · 김동문

펴낸이 · 김표연
펴낸곳 · (주)상서각

등 록 · 2015년 6월 10일 (제25100-2015-000051호)
주 소 · 경기도 고양시 일산동구 성현로 513번길 34
전 화 · (02) 387-1330
F A X · (02) 356-8828
이메일 · sang53535@naver.com
ISBN 978-89-7431-527-6(63710)

쉽게 따는

4단계 5급 한자

상서각

이 책을 보는 어린이와 학부모님께

한자 공부의 길잡이

먼 옛날부터 우리 조상들은 한자를 우리 문자로 받아들여 오랫동안 역사를 가꾸고 찬란한 문화를 꽃피워 문화 선진국으로 발돋음하게 되었습니다.

우리가 사용하는 일상용어의 70% 이상이 한자로 되어 있기 때문에 한자 학습은 우리 국민 누구에게나 필수적이라 할 수 있습니다.

한자가 언제 누구에 의해서 만들어졌는지는 정확히 밝혀져 있지 않으나 오천여 년 전에 중국 고대의 창힐이라는 사람이 새의 발자국을 보고 한자의 모양을 생각해 내었다는 전설이 있습니다. 그러나 일반적으로 나라의 점을 치던 사람들이나 뒷날 역사를 기록하던 사람들에 의해 만들어지고 변화, 발전되어 왔다고 보고 있습니다.

처음 만들어진 글자들은 그림과 같아서 모난 것이 없고 주로 곡선으로 이루어져 있었습니다. 예를 들면, 日(일)의 처음 모양은 '해'를 본떠 하나의 동그라미(㊀)였고, 月(월)은 반동그라미(D), 川(천)은 골짜기에서 흐르는 물, 내(⦚)를 본떴습니다.

초기의 문자는 자연물을 그린 것이었으나 문명이 발달하고 생활 영역이 넓어지면서, 자연물의 특징을 간략하게 표현하거나 기호를 사용하고, 또한 한자와 한자를 결합하여 새로운 한자를 만들어 썼습니다.

한자능력검정시험은 필수적

한자능력검정시험은 일상생활에서의 필수 한자를 얼마나 많이 알고 이해하는가를 검정하고, 사회적으로 한자 활용 능력을 인정받는 제도입니다.

이 책은 8급에서부터 단계별로 풀어 갈 수 있도록 한자의 쓰임과 한자의 유래, 자원(한자의 구성 원리) 풀이, 부수 및 필순 익히기, 학습에 도움이 되는 용례 풀이와 간체자(중국의 문자 개혁에 따라 자형字形을 간략하게 고친 한자)를 충실히 다루었을 뿐만 아니라, 핵심 정리와 예상 문제 및 실전 문제를 함께 수록하여 한자의 뜻을 폭넓게 이해하고 확실히 깨칠 수 있도록 하였습니다.

모쪼록 여러분의 앞날에 무궁한 발전과 하고자 하는 모든 일이 함께 이루어지길 기원합니다.

쉽게 따는 4단계 5급 한자의 구성과 활용법

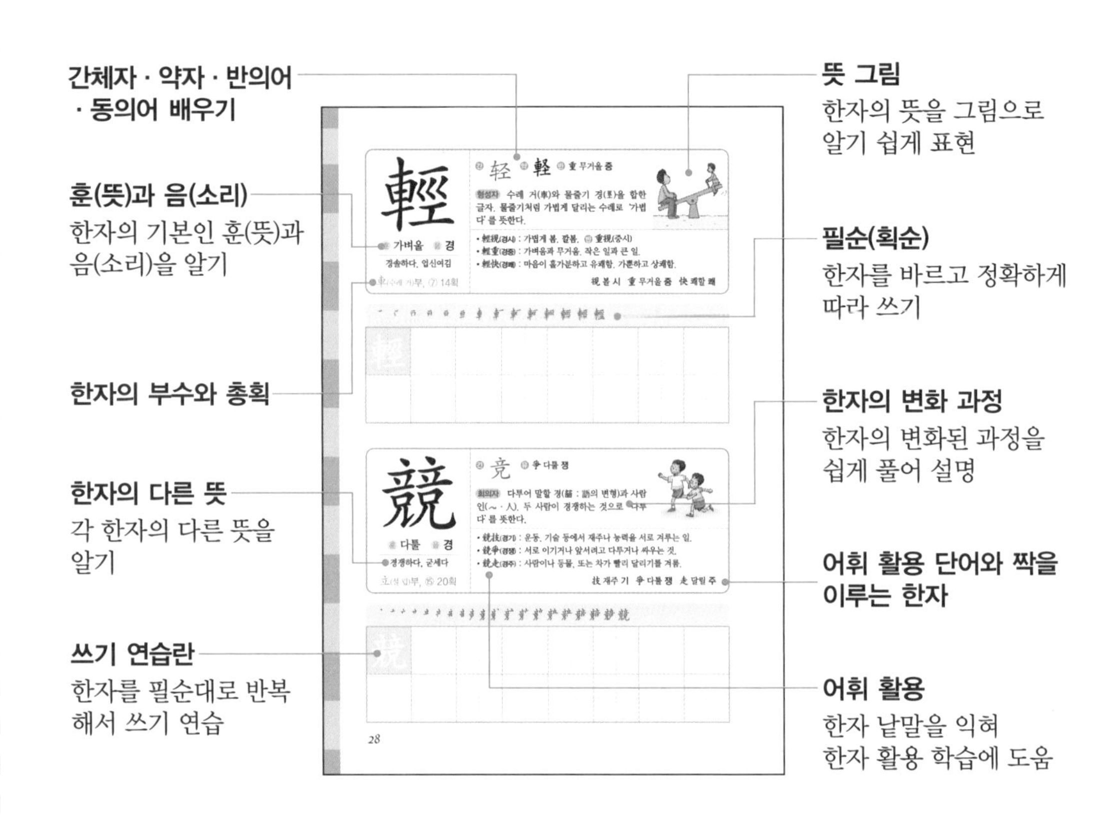

※ (간 간체자 약 약자 동 동의어 반 반의어)의 줄임말

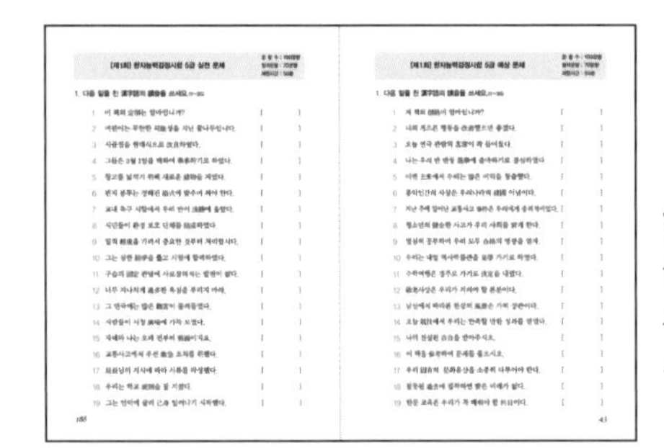

한자능력검정시험 5급 예상 문제 및 실전 문제

한자능력검정시험 5급 예상 문제와 실전 문제를 구성하여 실제 시험과 똑같은 답안지에 답을 쓰면서 실전 감각을 익힐 수 있습니다.

차례

쉽게 따는 4단계 5급 한자

한자는 뜻글자(표의 문자)이다!

'한자'는 뜻을 단위로 하여 만들어진 '뜻글자'이므로 각 글자마다 모양(형 : 形)과 소리(음 : 音)와 뜻(훈 · 새김 : 訓, 의 : 義)으로 이루어졌습니다.
이를 한자의 '3요소'라고 합니다.

漢字							
	모양(형상)	天	日	月	山	水	川
	소리(음)	천	일	월	산	수	천
	뜻(새김)	하늘	해·날	달	메	물	내

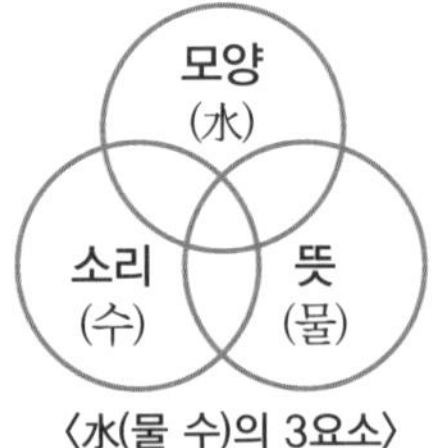

〈水(물 수)의 3요소〉

이 원리(한자의 짜임)를, 육서(六書)라고 하는데 다음과 같이 분류합니다.

(1) 상형문자(象形文字)

자연이나 구체적인 물체의 형상을 본떠서 만든 글자.

① 해의 모양을 본뜬 글자로, '해' 또는 '날'의 뜻으로 사용됨.

→ → → → 日(날 일)

② 산의 모양을 본뜬 글자로 '산'의 뜻으로 사용됨.

→ → → → 山(메 산)

(2) 지사문자(指事文字)

'숫자', '위', '아래', '처음', '끝' 등과 같이 구체적인 모양으로 나타낼 수 없는 한자를 점(·)이나 선(—) 같은 기호를 사용하여 만든 글자.

① 기준이 되는 선 위에 점으로 표시하여 '위쪽'의 뜻을 나타낸 글자.

→ → → → 上(윗 상)

(2) 나무의 가지 끝 부분에 점을 찍어 '끝'이란 뜻을 나타낸 글자.

→ → → → 末(끝 말)

(3) 회의문자(會意文字)

이미 만들어진 글자의 뜻과 뜻이 합쳐져서 새로운 뜻을 나타낸 글자.

木(나무 **목**) + 木(나무 **목**) → 林(수풀 **림**)

日(해 **일**) + 月(달 **월**) → 明(밝을 **명**)

(4) 형성문자(形聲文字)

'뜻'을 나타내는 글자와 '음(音 : 소리)'을 나타내는 글자로 결합하여 새로운 '뜻'과 '소리'를 지닌 글자.

水(물 **수**) + 靑(푸를 **청**) → 淸(맑을 **청**)

口(입 **구**) + 未(아닐 **미**) → 味(맛 **미**)

(5) 전주문자(轉注文字)

이미 있는 글자 본래의 의미가 확대되어 전혀 다른 음과 뜻으로 나타낸 글자.

樂 : 노래 **악**(音樂 : 음악), 즐길 **락**(娛樂 : 오락), 좋아할 **요**(樂山樂水 : 요산요수)

惡 : 악할 **악**(惡人 : 악인), 미워할 **오**(憎惡 : 증오)

(6) 가차문자(假借文字)

글자의 뜻에 상관없이 한자의 발음만을 빌려서 다른 뜻으로 나타낸 글자.

堂堂(당당) : 의젓하고 거리낌이 없음

丁丁(정정) : 나무 찍는 소리

亞細亞(아세아) : Asia

巴利(파리) : Paris

'부수(部首)'란 무엇인가?

한자는 자전(字典 : 옥편)에서 찾아야 합니다. 자전은 한자를 쉽고 빠르게 찾을 수 있도록 공통점이 있는 한자끼리 묶어 놓았는데, 이 공통적으로 들어가는 기본 글자를 '부수(部首)' 라고 합니다.
한자는 대체로 부수와 몸이 합쳐져 만들어졌기 때문에, 부수를 알면 자전을 찾을 때 편리할 뿐만 아니라, 한자의 뜻을 쉽게 파악할 수 있습니다.
부수로 쓰이는 기본 글자는 모두 214자입니다. 자세한 내용은 부록 편에 실었습니다.

부수의 위치와 이름

부수 글자는 자리하는 위치에 따라 그 이름이 각각 다릅니다.

글자의 위쪽에 있는 부수 : 머리

- 宀 : 갓머리(집 면) → 家(집 가), 安(편안 안)
- 艹(艸) : 초두머리(풀 초) → 花(꽃 화), 草(풀 초)
- ⺮(竹) : 대 죽 → 答(대답 답), 算(셈 산)

글자의 왼쪽에 있는 부수 : 변

- 亻(人) : 사람인변 → 仁(어질 인), 代(대신 대)
- 禾 : 벼 화 → 科(과목 과), 秋(가을 추)
- 氵(水) : 삼수변 → 江(강 강), 海(바다 해)

글자의 아래쪽에 있는 부수 : 발 · 다리

- 儿 : 어진사람인 → 兄(형 형), 光(빛 광)
- 灬(火) : 연화발(불 화) → 烈(매울 렬), 然(그럴 연)
- 心 : 마음 심 → 意(뜻 의), 感(느낄 감)

글자의 오른쪽에 있는 부수 : 방

- 刂(刀) : 칼도방 → 刊(새길 간), 刑(형벌 형)
- 阝(邑) : 우부방 → 郡(고을 군), 邦(나라 방)
- 卩 : 병부절방 → 印(도장 인), 卯(토끼 묘)

글자의 위와 왼쪽을 덮고 있는 부수 : 엄

- 广 : 엄호(집 엄) → 序(차례 서), 度(법도 도, 헤아릴 탁)
- 尸 : 주검 시 → 居(살 거), 局(판 국), 屋(집 옥)

글자의 왼쪽과 아래를 덮고 있는 부수 : 받침

- 廴 : 민책받침(길게 걸을 인) → 廷(조정 정), 建(세울 건)
- 辶(辵) : 책받침(쉬엄쉬엄 갈 착) → 近(가까울 근)

글자의 전체나 일부분을 에워싸고 있는 부수 : 몸

- 口 : 큰입 구(에운 담) → 四(넉 사), 國(나라 국)
- 門 : 문 문 → 開(열 개), 間(사이 간)
- 凵 : 위튼입구(입벌릴 감) → 出(날 출), 凶(흉할 흉)
- 匚 : 터진입구몸(상자 방) → 匠(장인 장), 區(널 구)

글자 자체가 부수인 글자 : 제부수

- 木(나무 목)　車(수레 거 · 차)　馬(말 마)
- 心(마음 심)　金(쇠 금, 성 김)

자전에서 한자 찾기

부수로 찾기 – 찾고자 하는 한자의 부수를 알아내고, 부수 색인란을 통하여 쪽수를 확인한 뒤, 총 획수에서 부수를 뺀 나머지 획수를 세어 그 글자를 찾습니다.

한자의 음을 이용해서 찾기 – 찾고자 하는 한자의 음을 알고 있는 경우에는 자음 색인에서 해당 한자를 찾아 그 아래에 적힌 쪽수를 펼쳐서 찾습니다.

한자의 총 획수를 이용해서 찾기 – 찾고자 하는 글자의 부수나, 음을 모를 경우에는 그 글자의 총획을 세어 총획 색인에서 해당 한자를 찾습니다.

한자 바로쓰기의 기본 원칙(필순)

필순(筆順)이란?

글씨를 쓸 때 붓을 놀리는 차례. 곧, 점과 획이 차례로 거듭되어 하나의 글자를 다 쓸 때까지의 차례를 말합니다.

1. 왼쪽에서 오른쪽으로 씁니다.

川(내 천) → 丿 川 川

江(강 강) → 丶 氵 氵 汀 江 江

2. 위에서 아래로 씁니다.

三(석 삼) → 一 二 三

工(장인 공) → 一 丅 工

3. 가로획과 세로획이 겹칠 때에는 가로획을 먼저 씁니다.

木(나무 목) → 一 十 才 木

十(열 십) → 一 十

4. 좌우 대칭인 글자는 가운데를 먼저 씁니다.

水(물 수) → 亅 刀 水 水

小(작을 소) → 亅 小 小

5. 삐침(丿)과 파임(㇏)이 만날 때는 삐침을 먼저 씁니다.

人(사람 인) → 丿 人

文(글월 문) → 丶 亠 ナ 文

6. 글자를 꿰뚫는 획은 나중에 씁니다.

中(가운데 중) → 丨 ㄇ 口 中

事(일 사) → 一 ㇐ 戸 ... 事

7. 둘러싼 모양으로 된 자는 바깥 부분을 먼저 씁니다.

四(넉 사) → 丨 冂 皿 四 四

同(한가지 동) → 丨 冂 同 同 同 同

8. 좌우를 먼저 쓰고 가운데를 나중에 씁니다.

火(불 화) → 丶 丷 火 火

性(성품 성) → 丶 忄 忄 忄 性 性 性 性

9. 글자를 가로지르는 획은 나중에 긋습니다.

女(계집 녀) → ㇛ 女 女

丹(붉을 단) → 丿 冂 月 丹 丹

10. 오른쪽 위에 점이 있는 글자는 그 점을 나중에 찍습니다.

犬(개 견) → 一 ナ 大 犬

伐(칠 벌) → ノ 亻 仁 代 伐 伐

11. 삐침이 길고 가로획이 짧으면 가로획을 먼저 씁니다.

左(왼 좌) → 一 ナ 𠂇 左 左

友(벗 우) → 一 ナ 方 友

12. 삐침이 짧고 가로획이 길면 삐침을 먼저 씁니다.

右(오를/오른 우) → ノ ナ 十 右 右

有(있을 유) → ノ ナ 十 冇 有 有

13. 책받침(辶, 廴)은 나중에 씁니다.

遠(멀 원) → 一 十 土 土 吉 吉 声 声 袁 袁 袁 遠 遠 遠

建(세울 건) → ㇕ 㐅 ヨ 彐 聿 聿 律 建 建

※ 특수한 자영의 필순 보기

凸(볼록할 철) → 丨 ㇗ 凵 凸 凸 (5획)

凹(오목할 요) → 丨 ㇗ ㄩ 凹 凹 (5획)

價 可 加 改 客 擧 去 建 件 健

格 見 決 結 敬 景 輕 競 告 考

固 曲 課 過 關 觀 廣 橋 舊 具

救 局 貴 規 給 己 基 技 汽 期

吉 念 能 團 壇 談 當 德 到 島

價

훈 값 음 가

가격, 시세, 수

亻(사람인변)부, ⑬ 15획

간 价 약 価

형성자 사람인(亻·人)과 장사 고(賈)를 합한 글자. 장사할 때의 물건의 값, 값어치를 뜻한다.

- 價格(가격) : 사고 파는 물건의 값.
- 價値(가치) : 귀중하게 여길 만한 성질이나 중요한 것.
- 定價(정가) : 상품에 매긴 값.

格 격식 **격** 値 값 **치** 定 정할 **정**

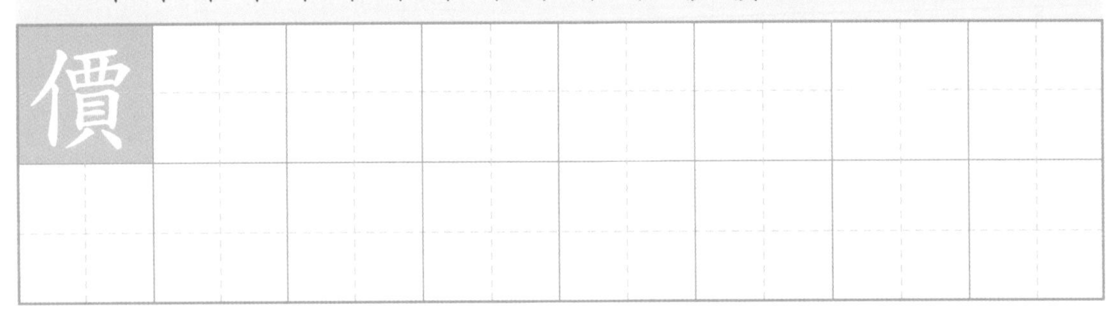

훈 옳을 음 가

인정하다, 정도, 가히

口(입 구)부, ② 5획

반 否 아닐 **부**

형성자 입 구(口)와 정(丁·丂 : 가).
丂는 입 안의 상형. 큰소리로 꾸짖다의 뜻이다.
파생하여 쓰인다.

- 可決(가결) : 의안을 결정함. 반 否決(부결)
- 可能(가능) : 할 수 있거나 될 수 있는 것.
- 認可(인가) : 인정하여 허락함. 認許(인허).

決 결단할 **결** 否 아닐 **부** 能 능할 **능** 認 알 **인** 許 허락할 **허**

加

훈 더할 음 **가**

살다, 뽐내다

力(힘 력)부, ③ 5획

반 減 덜 **감** 동 增 더할 **증**

회의자 힘 력(力)과 입 구(口)를 합한 글자. 말을 하는데 힘쓰는 것으로 말을 더하는 것을 뜻한다.

- 加減乘除(가감승제) : 더하기, 빼기, 곱하기, 나누기의 계산.
- 加工(가공) : 원료나 재료를 가지고 새로운 물건을 만드는 일.
- 加重(가중) : 더 무거워짐. 더 무겁게 됨.

減 덜 **감** 乘 탈 **승** 除 덜 **제** 工 장인 **공** 重 무거울 **중**

ㄱ 力 加 加 加

加

改

훈 고칠 음 **개**

바꾸다, 바로잡다

攵(攴, 등글월문)부, ③ 7획

동 更 고칠 **경**, 다시 **갱**

형성자 몸 기(己)와 칠 복(攵 · 攴)을 합한 글자. 자기 몸을 회초리로 쳐서 잘못을 고치는 것을 뜻한다.

- 改良(개량) : 좋도록 고침.
- 改善(개선) : 나쁜 점을 고쳐서 좋게 함.
- 改作(개작) : 원래의 작품을 고쳐 만들거나 다르게 바꾸는 것.

良 어질 **량** 善 착할 **선** 作 지을 **작**

ㄱ ㄱ 己 己 己 改 改

改

훈 손 음 객

손님, 나그네, 여행, 사람

宀(갓머리)부, ⑥ 9획

반 主 주인/임금 주

형성자 움집 면(宀)과 각각 각(各)을 합한 글자. 집을 찾아오는 각처의 사람, 손님의 뜻을 나타낸다.

- 客觀(객관) : 나 혼자만의 관계를 벗어나서 있는 그대로 살핌. 반 主觀(주관)
- 客席(객석) : 극장이나 경기장 등에서 구경하는 손님이 앉는 자리.
- 觀客(관객) : 연극, 무용 등의 공연을 구경하는 사람.

觀 볼 관 主 주인/임금 주 席 자리 석

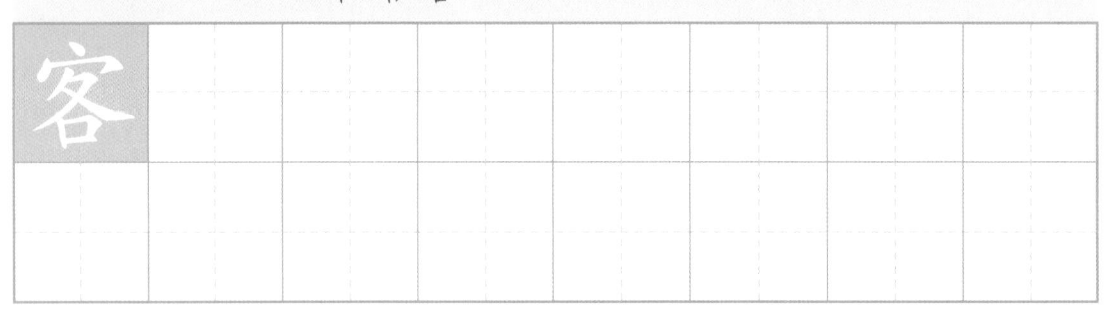

훈 들 음 거

오르다, 움직이다, 일으키다

手(손 수)부, ⑭ 18획

간 举 약 挙

형성자 무리 여(與)와 손 수(手)를 합한 글자. 무리가 일제히 손을 드는 것을 뜻한다. 手는 다섯 손가락을 편 손의 모양.

- 擧論(거론) : 어떤 것을 이야기의 주제나 문제로 삼는 것.
- 擧事(거사) : 큰 일을 일으킴.
- 選擧(선거) : 많은 사람 가운데서 적당한 사람을 대표로 뽑아 냄.

論 논할 론 事 일 사 選 가릴 선

擧

去

훈 갈 음 **거**

떠나다, 없애다, 덜다

厶(마늘 모)부, ③ 5획

반 來 올 **래** 동 行 다닐 **행** 往 갈 **왕** 退 물러날 **퇴**

회의자 밥그릇(凵→厶) 모양과 그 뚜껑(大→土), 또는 사람(人·大)이 어떤 구역(凵) 밖에 있으므로 '가다' 의 뜻을 나타낸다.

- 去來(거래) : 이익을 얻으려고 물건을 서로 주고받거나 사고 파는 일.
- 去勢(거세) : 반대를 못하도록 세력을 꺾어 버림.
- 過去(과거) : 지나간 때. 반 未來(미래)

來 올 **래** 勢 형세 **세** 過 지날 **과** 未 아닐 **미**

一 十 土 去 去

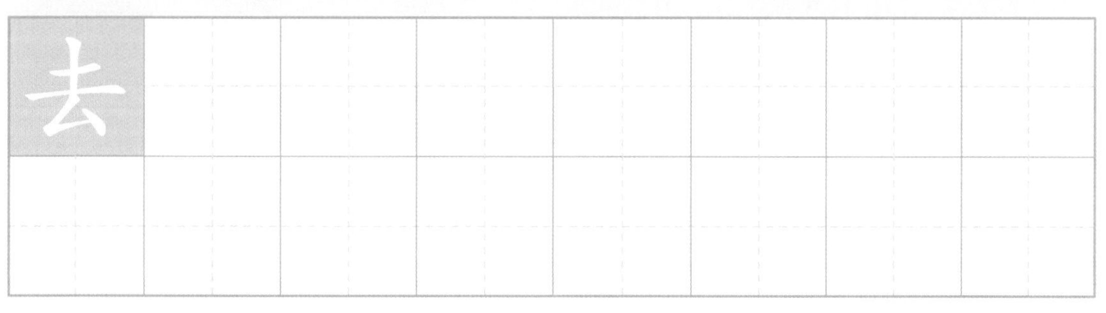

建

훈 세울 음 **건**

일으키다, 열쇠

廴(민책받침)부, ⑥ 9획

회의자
붓 율(聿)과 길게 걸을 인(廴)을 합한 글자. 붓을 곧게 뻗는 것으로 '세우다' 의 뜻을 나타낸다.

- 建國(건국) : 나라를 세움.
- 建物(건물) : 땅 위에 세운 집이나 빌딩 등의 물건.
- 建設(건설) : 새로이 만들어 세움.

國 나라 **국** 物 물건 **물** 設 베풀 **설**, 달랠 **세**

フ ㇋ ㇋ 子 𠀋 聿 律 建 建

建

件

훈 물건 음 **건**

일, 것, 사건

亻(사람인변)부, ④ 6획

회의자
사람인(亻·人)과 소 우(牛)를 합한 글자.
본래는 사람이나 소 따위를 개개의 것으로 보았다.

- 件名(건명) : 어떤 일이나 사물의 이름. 서류 이름.
- 件數(건수) : 법으로 다룰 일이나 사건의 수.
- 事件(사건) : 사회적 관심이나 주목을 끌 만한 일.

名 이름 **명** 數 셈 **수** 事 일 **사**

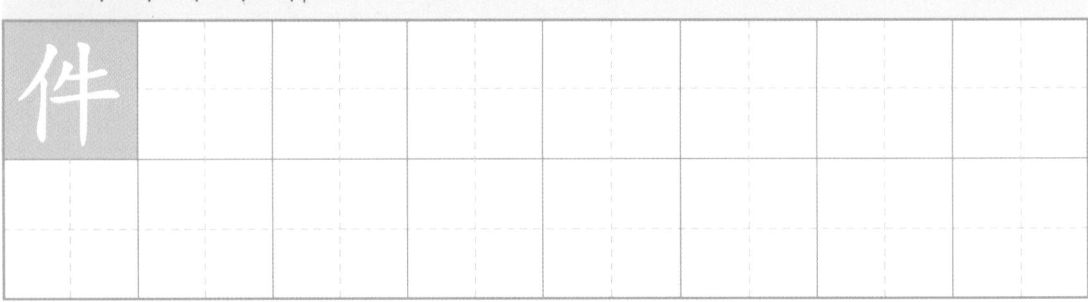

健

훈 굳셀 음 **건**

튼튼하다, 건장하다

亻(사람인변)부, ⑨ 11획

반 病 병 **병** 疾 병 **질** 동 康 편안 **강**

형성자 사람인(亻·人)과 세울 건(建).
꿋꿋하게 선 사람으로 '굳세고 튼튼하다' 의 뜻을 나타낸다.

- 健康(건강) : 몸에 병이 없고 튼튼함.
- 健忘(건망) : 듣거나 본 것을 잘 잊어버림.
- 健全(건전) : 튼튼하고 온전함. 건강하고 병이 없음.

康 편안 **강** 忘 잊을 **망** 全 온전 **전**

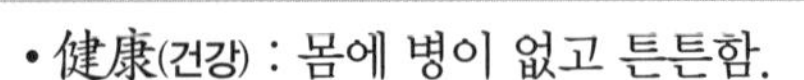

健

格

훈 격식 음 **격**

이르다, 겨루다

木(나무 목)부, ⑥ 10획

간 各

형성자 나무 목(木)과 각각 각(各)을 합한 글자. 나무의 가지가 이르러 닿는 것을 뜻한다.

- 格式(격식) : 미리 정하여 있는 일정한 형식.
- 格言(격언) : 사리에 맞아 교훈이 될 만한 짧은 말. 金言(금언).
- 合格(합격) : 어떤 조건이나 격식에 적합함. 시험을 통과함.

式 법 **식** 言 말씀 **언** 金 쇠 **금**, 성 **김** 合 합할 **합**

見

훈 볼 음 **견**
훈 뵈올 음 **현**

보이다, 의견

見(볼 견)부, ⑥ 7획

간 见

회의자 눈 목(目)과 사람 인(儿 · 人)을 합한 글자. 사람이 눈으로 무엇을 명확히 보는 것을 뜻한다.

- 見聞(견문) : 새로운 사실을 보고 들어서 얻은 지식.
- 見物生心(견물생심) : 물건을 보면 욕심이 생김.
- 見學(견학) : 실제로 보고 배우는 것.

聞 들을 **문** 物 물건 **물** 生 날 **생** 心 마음 **심** 學 배울 **학**

決

훈 결단할 음 **결**

정하다, 나누다

氵(삼수변)부, ④ 7획

간 决

형성자 물 수(氵·水)와 터놓을 쾌(夬)를 합한 글자. 막은 물길을 끊어 터놓는 것으로 '결단하다'를 뜻한다.

- 決算(결산) : 일정한 기간 동안의 수입과 지출을 알아보기 위한 계산.
- 決勝(결승) : 마지막 우승자를 결정하는 시합.
- 決定(결정) : 무슨 일을 어떻게 하기로 정하는 것.

算 셈 **산** 勝 이길 **승** 定 정할 **정**

結

훈 맺을 음 **결**

매듭, 바로잡다, 잇다

糸(실 사)부, ⑥ 12획

간 结 반 解 풀 **해**

형성자 실 사(糸)와 길할 길(吉 : 단단히 매다). 실을 단단히 매어 합치는 것으로 '맺다'를 뜻한다.

- 結果(결과) : 어떤 원인 때문에 생긴 일. 열매를 맺음.
- 結局(결국) : 마침내. 장기나 바둑의 끝판.
- 結成(결성) : 단체의 조직을 형성함.

果 실과 **과** 局 판 **국** 成 이룰 **성**

結

敬

훈 공경 음 경

삼가하다, 훈계하다

攵(등글월문)부, ⑨ 13획

형성자

진실할 구(苟)와 칠 복(攵 · 攴)을 합한 글자.
몸을 굽혀 진실하게 공경하는 것을 뜻한다.

- 敬老(경로) : 노인을 공경함.
- 敬意(경의) : 공경하는 마음.
- 敬天愛人(경천애인) : 하늘을 존경하고 사람을 사랑함.

老 늙을 **로** 意 뜻 **의** 天 하늘 **천** 愛 사랑 **애** 人 사람 **인**

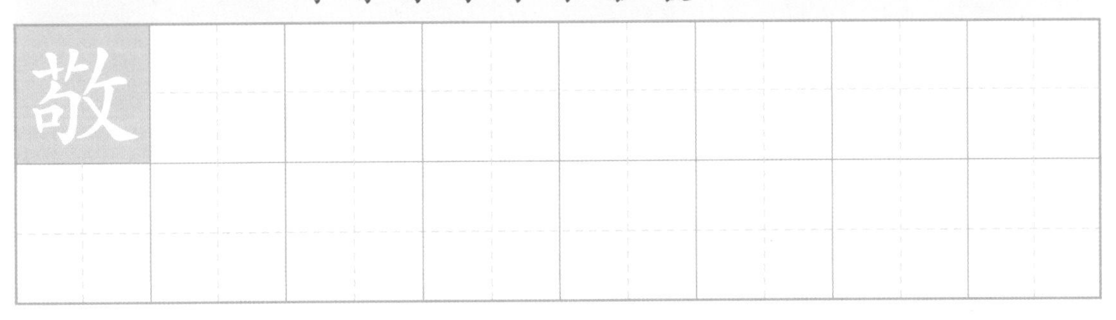

景

훈 볕 음 경

빛, 밝다, 경치

日(날 일)부, ⑧ 12획

동 光 빛 **광**

형성자 날 일(日)과 높을 경(京)을 합한 글자. 높은 언덕에 세운 궁궐을 밝게 비추는 햇빛을 뜻한다. 京은 윗부분은 누각을 아랫부분은 높은 언덕을 뜻한다.

- 景觀(경관) : 바라다보이는 사물들의 전체의 모습.
- 景致(경치) : 자연의 아름다운 모습.
- 風景(풍경) : 아름다운 경치. 어떤 상황의 모습.

觀 볼 **관** 致 이를 **치** 風 바람 **풍**

景								

輕

훈 가벼울 음 **경**

경솔하다, 업신여김

車(수레 거)부, ⑦ 14획

간 轻 약 軽 반 重 무거울 **중**

형성자 수레 거(車)와 물줄기 경(巠)을 합한 글자. 물줄기처럼 가볍게 달리는 수레로 '가볍다'를 뜻한다.

- 輕視(경시) : 가볍게 봄. 깔봄. 반 重視(중시)
- 輕重(경중) : 가벼움과 무거움. 작은 일과 큰 일.
- 輕快(경쾌) : 마음이 홀가분하고 유쾌함. 가뿐하고 상쾌함.

視 볼 **시** 重 무거울 **중** 快 쾌할 **쾌**

競

훈 다툴 음 **경**

경쟁하다, 굳세다

立(설 립)부, ⑮ 20획

간 竞 동 爭 다툴 **쟁**

회의자 다투어 말할 경(誩 : 語의 변형)과 사람 인(儿 · 人). 두 사람이 경쟁하는 것으로 '다투다'를 뜻한다.

- 競技(경기) : 운동, 기술 등에서 재주나 능력을 서로 겨루는 일.
- 競爭(경쟁) : 서로 이기거나 앞서려고 다투거나 싸우는 것.
- 競走(경주) : 사람이나 동물, 또는 차가 빨리 달리기를 겨룸.

技 재주 **기** 爭 다툴 **쟁** 走 달릴 **주**

競

告

훈 고할 음 **고**

찾다, 묻다, 호소하다

口(입 구)부, ④ 7획

동 報 알릴/갚을 **보**

회의자 소 우(牛)와 입 구(口)를 합한 글자. 소를 제물로 바치며 신에게 고하는 것으로, '알리다' 를 뜻한다.

- 告發(고발) : 범죄 사실을 상부 기관이나 관청에 알리는 일.
- 告白(고백) : 숨김없이 사실대로 말함.
- 廣告(광고) : 세상에 널리 알림. 상품을 널리 선전하는 일.

發 필 **발** 白 흰 **백** 廣 넓을 **광**

丿 𠂉 𠂇 生 牛 告 告

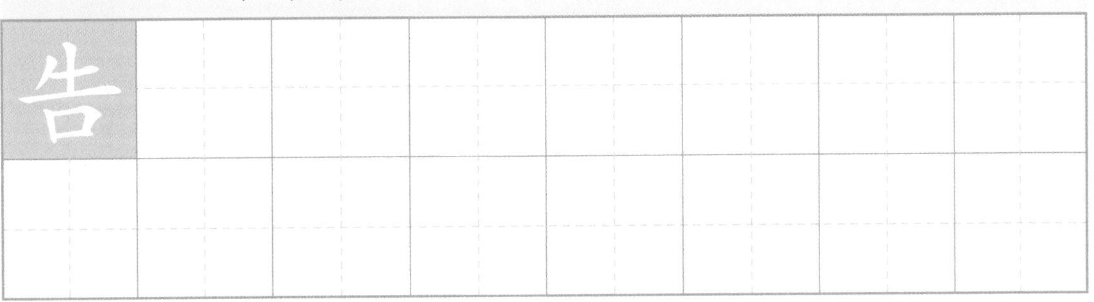

考

훈 생각할 음 **고**

상고하다, 치다

耂(늙을 로)부, ② 6획

동 思 생각 **사** 慮 생각할 **려**

형성자 늙을 로(耂 · 老)와 교묘할 교(丂 · 巧). 노인은 매사를 깊이 헤아려 생각한다는 뜻.

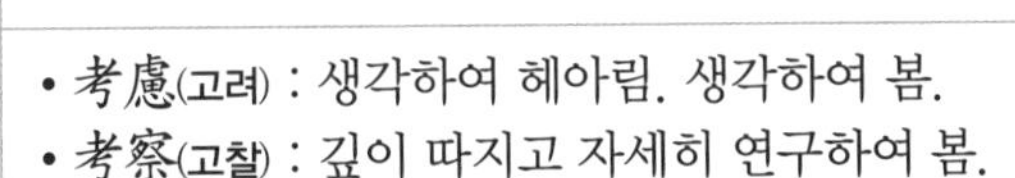

- 考慮(고려) : 생각하여 헤아림. 생각하여 봄.
- 考察(고찰) : 깊이 따지고 자세히 연구하여 봄.
- 參考(참고) : 살펴서 생각함. 도움이 될 만한 것을 자료로 삼음.

慮 생각할 **려** 察 살필 **찰** 參 참여할 **참**, 석 **삼**

一 十 土 耂 耂 考

훈 굳을 음 **고**

단단하다, 완고하다

口(큰입구몸)부, ⑤ 8획

동 堅 굳을 **견**

형성자 에울 위(口) 안에 고(古 : 단단하다). 나라 도읍의 단단한 방비, '굳다' 를 뜻한다.

- 固有(고유) : 오래된 집단이나 사물 등이 본래부터 지니고 있는 것.
- 固定(고정) : 물건이 한 곳에 꼭 붙어 있거나 박혀 있는 것.
- 固體(고체) : 일정한 굳은 모양과 부피를 가진 물체.

有 있을 **유** 定 정할 **정** 體 몸 **체**

丨 冂 冃 冃 円 冏 固 固

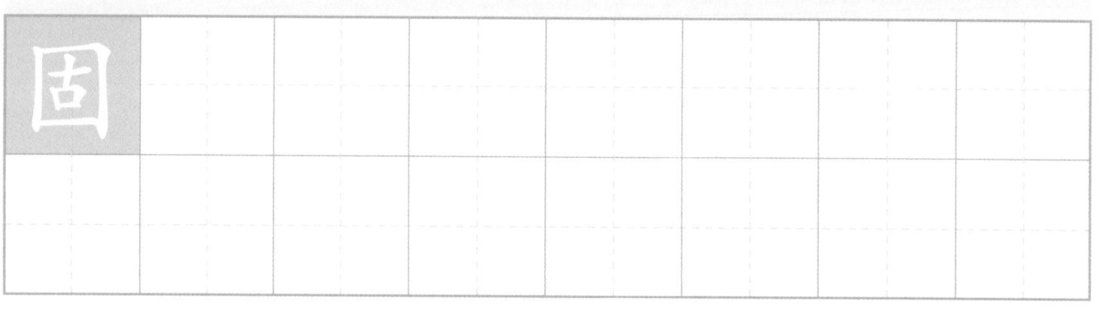

훈 굽을 음 **곡**

굽히다, 휘다, 가락

曰(가로 왈)부, ② 6획

반 直 곧을 **직** 동 歌 노래 **가**

상형자 속이 둥글게 되어 있는 바구니의 굽은 모양을 본떠, '굽다' 를 뜻한다.

- 曲線(곡선) : 부드럽게 구부러진 선. 수학에서 직선이 아닌 선. 반 直線(직선)
- 曲折(곡절) : 꼬불꼬불함. 까닭. 자세한 사정과 복잡한 내용.
- 曲調(곡조) : 가사나 음악 등의 가락.

線 줄 **선** 直 곧을 **직** 折 꺾을 **절** 調 고를 **조**

丨 冂 冃 冃 曲 曲

曲

課

㉮ 课

형성자 말씀 언(言)과 열매 · 결과 과(果)를 합한 글자. 일의 결과를 평가하는 것으로, '과정, 매기다'를 뜻한다.

훈 공부할/과정 음 **과**

과목, 매기다

言(말씀 언)부, ⑧ 15획

- 課稅(과세) : 세금을 매김. 또는 그 세금.
- 課程(과정) : 일정한 기간 동안 계속되는 학업이나 일.
- 課題(과제) : 처리하거나 해결해야 할 문제.

稅 세금 **세** 程 한도/길 **정** 題 제목 **제**

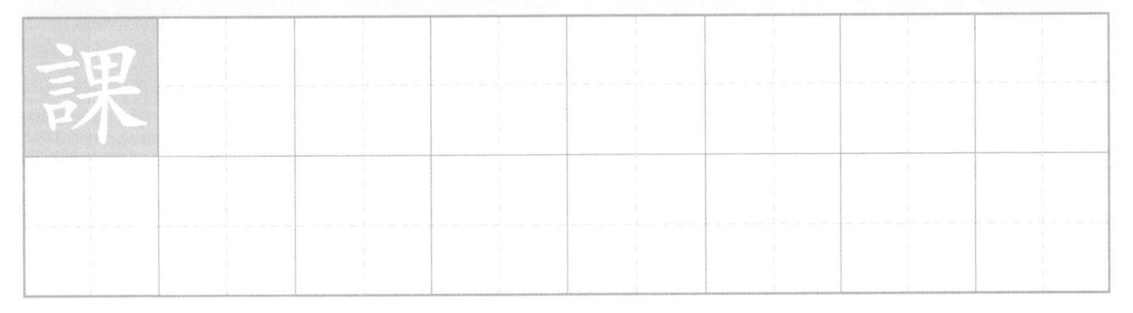

㉮ 过 ㉯ 功 공 **공**

형성자 입이 삐뚤어진 괘(咼)와 쉬엄쉬엄 갈 착(辶 · 辵). 입이 삐뚤어져 말이 잘못 지나친 것과 '허물'을 뜻한다.

훈 지날 음 **과**

허물, 거치다

辶(책받침)부, ⑨ 13획

- 過去(과거) : 지나감. 지나간 때. ㉯ 未來(미래)
- 過多(과다) : 지나치게 많음.
- 過誤(과오) : 잘못. 허물. 실수. 過失(과실).

去 갈 **거** 未 아닐 **미** 多 많을 **다** 誤 그르칠 **오** 失 잃을 **실**

關

훈 관계할 음 관

빗장, 닫다

門(문 문)부, ⑪ 19획

간 关 약 関

형성자 문 문(門)과 북에 실을 꿸 관(𢇇). 북에 실을 꿰듯이 문을 걸어 잠그는 것으로, '빗장'을 뜻한다.

- 關係(관계) : 서로 일정한 영향을 주고받도록 되어 있음.
- 關聯(관련) : 여럿이 서로 어떤 영향을 주고받도록 이어져 있음.
- 關心(관심) : 어떤 대상에 쏠리는 감정과 생각. 끌리는 마음.

係 맬 **계** 聯 연이을 **련** 心 마음 **심**

觀

훈 볼 음 관

드러내다, 보이다

見(볼 견)부, ⑱ 25획

간 观 약 視

형성자 황새 관(雚)과 볼견(見). 황새가 눈을 크게 뜨고 두리번거리며 살피는 것으로, '보다, 관찰하다'를 뜻한다.

- 觀光(관광) : 어떤 곳의 경치, 상황, 풍속 등을 찾아가서 봄.
- 觀客(관객) : 구경하는 사람. 관람객. 구경꾼.
- 觀察(관찰) : 자연 현상이나 사실 등을 자세히 살펴봄.

光 빛 **광** 客 손 **객** 察 살필 **찰**

廣

훈 넓을 음 **광**

퍼지다, 넓이

广(엄호)부, ⑫ 15획

간 广 약 広 반 狹 좁을 **협**

형성자 집 엄(广)과 누를 황(黃 : 누른 빛의 땅, 넓다). 땅처럼 큰 집으로 '넓다'를 뜻한다.

- 廣告(광고) : 널리 알림. 상품이나 서비스 등을 대중에게 알림.
- 廣野(광야) : 아주 넓은 벌판.
- 廣場(광장) : 넓게 비어 있는 곳. 의사 소통을 꾀할 수 있는 공통의 장소.

告 고할 **고** 野 들 **야** 場 마당 **장**

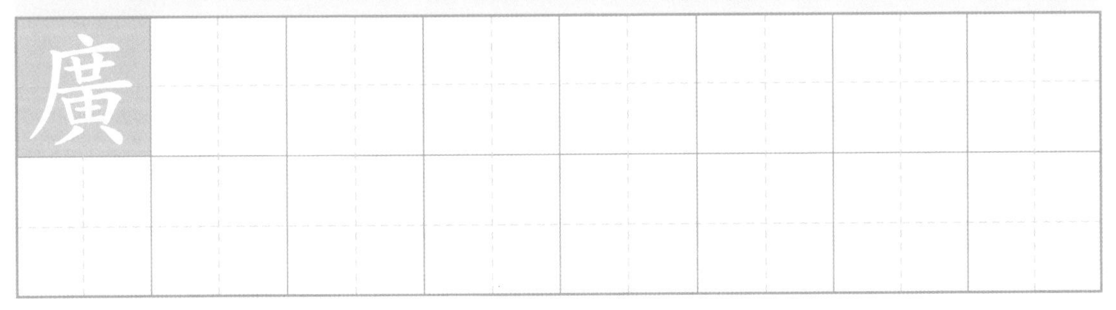

橋

훈 다리 음 **교**

교량, 시렁

木(나무 목)부, ⑫ 16획

간 桥

형성자 나무 목(木)과 높을 교(喬).
개울이나 강 위에 높이 걸쳐 놓은 나무, '다리'를 뜻한다.

- 橋脚(교각) : 다리를 받치는 기둥.
- 橋梁(교량) : 강 · 하천 등을 사람이나 차가 건널 수 있게 만든 다리.
- 陸橋(육교) : 찻길이나 철도 위를 건널 수 있도록 놓은 다리.

脚 다리 **각** 梁 들보/돌다리 **량** 陸 뭍 **륙**

舊

훈 예 음 구

옛날, 묵다, 오래다

臼(절구 구)부, ⑫ 18획

간 旧 반 新 새 신

형성자 부엉이 추(萑)와 절구 구(臼). 절구 모양의 부엉이를 뜻하였으나 오래 구(久)와 음이 같아 '옛날'을 뜻한다.

- 舊面(구면) : 전부터 알고 있던 사람. 안 지 오래된 얼굴.
- 舊習(구습) : 옛 풍속. 옛 습관.
- 舊式(구식) : 예전의 형식이나 방식이 시대에 뒤떨어짐.

面 낯 **면** 習 익힐 **습** 式 법 **식**

一 十 艹 艹 艹 芢 芢 芢 茌 茌 萑 萑 萑 萑 萑 舊 舊 舊

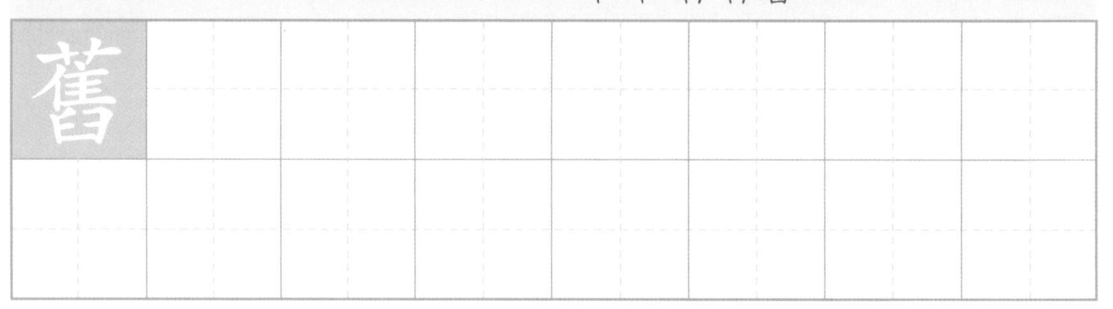

훈 갖출 음 구

그릇, 기구

八(여덟 팔)부, ⑥ 8획

동 備 갖출 비

회의자 조개 패(貝 : 두 손에 돈)를 쥐고 있는 두 손(廾) 모양. 貝는 본래 제사 지내는 찬구를 갖추는 것을 뜻한다.

- 具備(구비) : 빠짐없이 갖춤. 모두 갖춤.
- 具色(구색) : 전체의 모양을 만들기 위하여 필요한 부분들.
- 具現(구현) : 이념이나 이상 등을 구체적으로 나타내거나 실현함.

備 갖출 **비** 色 빛 **색** 現 나타날 **현**

丨 冂 冃 月 目 且 具 具

救

훈 구원할 음 구

돕다, 건지다

攵(攴, 등글월문)부, ⑦ 11획

동 濟 건널/구제할 **제**

형성자 구할 구(求)와 칠 복(攵·攴)을 합한 글자. 무질서한 것을 다스려 막아 구하는 것을 뜻한다.

- 救急(구급) : 응급 조치를 취함. 급한 대로 우선 처리함.
- 救援(구원) : 어려운 고비에서 도와 구해 줌.
- 救護(구호) : 구조하여 보호함. 재난이나 병든 사람을 돕고 보호함.

急 급할 **급** 援 도울 **원** 護 도울 **호**

局

훈 판 음 국

방, 관청, 구획

尸(주검시엄)부, ④ 7획

형성자
자 척(尺 : 사람 모양)과 구절 구(句 : 굽히다, 구획하다). 작게 나뉜 구획으로, '판'을 뜻한다.

- 局面(국면) : 어느 한 때에 일이 진행되어 가는 형편이나 상황.
- 局長(국장) : 관청, 회사 등의 한 국의 우두머리.
- 局限(국한) : 어느 한 부분에 한정함.

面 낯 **면** 長 긴 **장** 限 한할 **한**

ㄱ ㄱ 尸 尸 月 局 局

局

훈 귀할 음 **귀**

비싸다, 소중하다

貝(조개 패)부, ⑤ 12획

간 贵 반 賤 천할 **천**

회의자 잠깐 유(𠀎 · 臾)와 조개 패(貝 : 재물). 선물로 주는 재물, '귀하다'를 뜻한다.

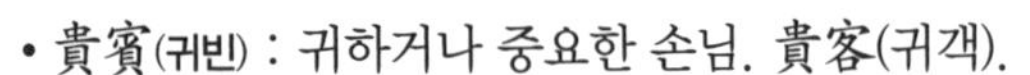

- 貴賓(귀빈) : 귀하거나 중요한 손님. 貴客(귀객).
- 貴重(귀중) : 매우 가치가 크고 소중함.
- 貴下(귀하) : 상대방을 높이어 일컫는 말.

賓 손 **빈** 客 손 **객** 重 무거울 **중** 下 아래 **하**

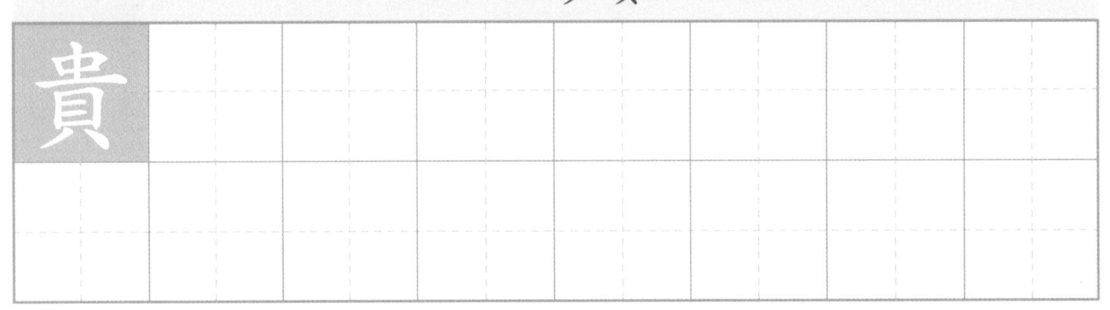

規

훈 법 음 **규**

법칙, 모범

見(볼 견)부, ④ 11획

간 规 동 法 법 **법**

회의자 지아비 부(夫)와 볼 견(見)을 합한 글자. 사람의 행동이 규범으로 보이는 것, '법, 모범'을 뜻한다.

- 規格(규격) : 일정하게 만들도록 정한 규정. 규정한 격식.
- 規程(규정) : 어떤 일에 대하여 분명히 정해진 규칙.
- 規則(규칙) : 한 조직에 속한 여러 사람이 다같이 지키기를 정한 법칙.

格 격식 **격** 程 한도/길 **정** 則 법칙 **칙**

一 二 ナ 夫 夫 𬏖 矪 䂓 䂓 䂓 規

規

給

훈 줄 음 **급**

대다, 넉넉하다

糸(실 사)부, ⑥ 12획

간 给

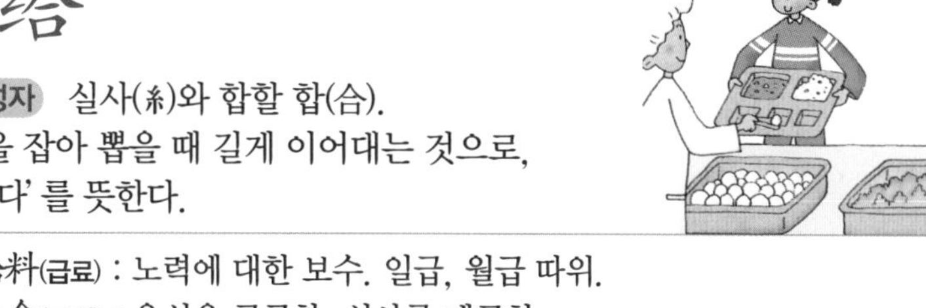

형성자 실사(糸)와 합할 합(合).
실을 잡아 뽑을 때 길게 이어대는 것으로, '주다'를 뜻한다.

- 給料(급료) : 노력에 대한 보수. 일급, 월급 따위.
- 給食(급식) : 음식을 공급함. 식사를 제공함.
- 給與(급여) : 돈이나 물품을 줌. 또는 그 돈이나 물품.

料 헤아릴 **료** 食 밥/먹을 **식** 與 더불/줄 **여**

훈 몸 음 **기**

자기, 천간의 여섯째

己(몸 기)부, ⓪ 3획

상형자
사람이 자기 몸을 굽히고 있는 모양을 본뜬 글자.
가차하여 자기 몸, 천간(天干)의 뜻으로 쓰인다.

- 己身(기신) : 제 몸. 그 사람 자신. 自己(자기).
- 利己(이기) : 자기의 이익을 차림.
- 知彼知己(지피지기) : 적과 나의 사정을 잘 앎.

身 몸 **신** 自 스스로 **자** 利 이할 **리** 彼 저 **피** 知 알 **지**

ㄱ ㄱ 己

己

基

훈 터 음 기

근본, 기초, 토대

土(흙 토)부, ⑧ 11획

형성자

그 기(其 : 가지런하다)와 흙 토(土).
가지런하고 빈틈이 없는 기초, '터, 근본'을 뜻한다.

- 基金(기금) : 어떤 목적을 위하여 모아 두거나 준비하여 두는 자금.
- 基本(기본) : 사물의 가장 중요한 밑바탕.
- 基礎(기초) : 사물이 이루어지는 바탕이나 토대.

金 쇠 금, 성 김　本 근본 본　礎 주춧돌 초

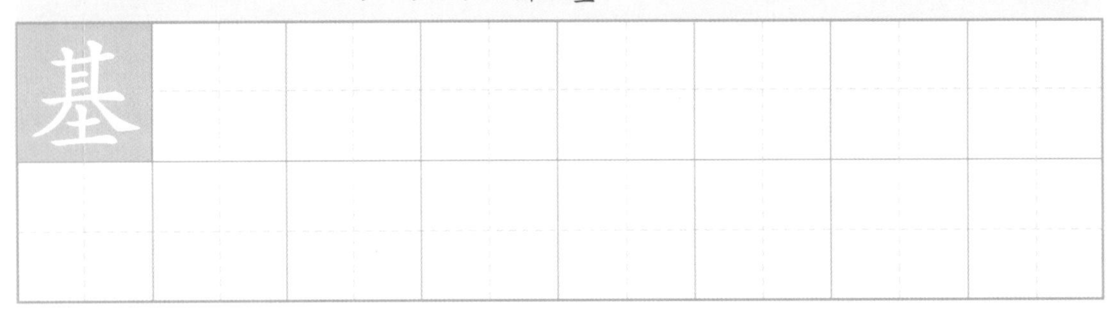

技

훈 재주 음 기

재능, 헤아리다

扌(재방변)부, ④ 7획

동 術 재주 술　藝 재주 예

형성자 손 수(扌·手)와 나뭇가지 지(支).
나뭇가지를 받쳐 들고 행동하는 '재주'를 뜻한다.

- 技巧(기교) : 아주 뛰어난 솜씨나 기술.
- 技能(기능) : 기술상의 재능.
- 技術(기술) : 무엇을 잘 만들거나 잘 다루는 솜씨나 방법.

巧 공교할 교　能 능할 능　術 재주 술

훈 물 끓는 김 음 기

증기, 가깝다

氵(삼수변)부, ④ 7획

형성자

물 수(氵·水)와 기운 기(气 : 입김, 수증기)를
합한 글자. 물이 증발하는 것으로 '김'을 뜻한다.

- 汽船(기선) : 증기 기관의 힘으로 다니는 배.
- 汽笛(기적) : 기차나 배에서 큰 소리를 내는 신호 장치. 또는 그 소리.
- 汽車(기차) : 증기 · 전기 등의 힘으로 움직이는, 철도 위를 다니는 차.

船 배 **선** 笛 피리 **적** 車 수레 **거 · 차**

丶 冫 氵 氵 氵 汽 汽

汽

期

훈 기약할 음 기

때, 기간, 정하다

月(달 월)부, ⑧ 12획

형성자

그 기(其)와 달 월(月)을 합한 글자.
달이 지구를 돌아 제자리로 돌아오는 것을
뜻한다.

- 期間(기간) : 그 사이. 어느 일정한 시기의 사이.
- 期待(기대) : 믿고 기다림. 어느 때를 기약하여 성취를 바람.
- 期約(기약) : 때를 정하여 약속함.

間 사이 **간** 待 기다릴 **대** 約 맺을 **약**

一 十 卄 廾 甘 甘 苴 其 其 期 期 期

期

吉

훈 길할 음 **길**

상서로움, 좋다

口(입 구)부, ③ 6획

반 凶 흉할 **흉**

회의자 선비 사(士 : 무기)와 입 구(口 : 그릇). 병기를 보관하는 그릇은 튼튼해야 좋은 것으로, '길하다'를 뜻한다.

- 吉夢(길몽) : 좋은 조짐이 되는 꿈. 반 凶夢(흉몽)
- 吉報(길보) : 좋은 소식.
- 吉日(길일) : 중요한 행사를 하기에 특별히 좋다고 판단되는 날.

夢 꿈 **몽** 凶 흉할 **흉** 報 갚을/알릴 **보** 日 날 **일**

一 十 士 吉 吉 吉

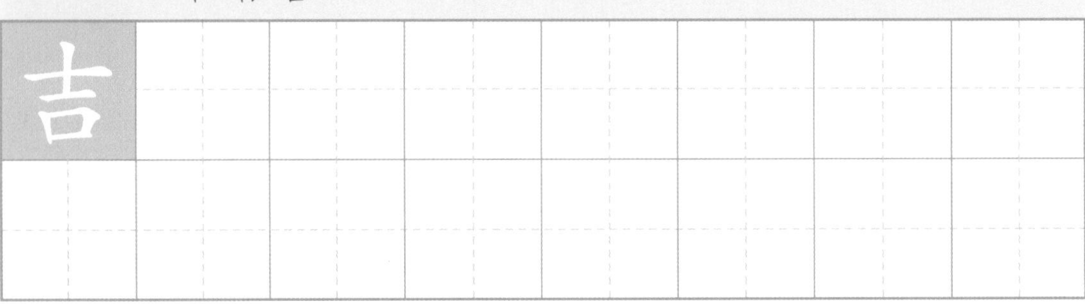

훈 생각 음 **념**

생각하다, 외다

心(마음 심)부, ④ 8획

동 思 생각 **사** 想 생각 **상** 慮 생각할 **려**

회의자 이제 금(今)과 마음 심(心). 지금도 잊지 않고 마음속에 새겨두고 있는 것으로 '생각하다'를 뜻한다.

- 念頭(염두) : 생각의 시초. 마음속. 心中(심중).
- 念慮(염려) : 마음을 놓지 못함. 헤아려 걱정함. 또는 그런 생각.
- 念願(염원) : 늘 생각하고 간절히 바람.

頭 머리 **두** 慮 생각할 **려** 願 원할 **원**

丿 人 𠆢 今 今 念 念 念

念

能

훈 능할 음 능

잘하다, 미치다

月(육달월)부, ⑥ 10획

能과 灬(연화발) → 熊(곰 웅)

상형자 '곰'의 모양을 나타내어 '곰'을 뜻하였으나 가차하여 쓰인다. 곰의 재주가 여러 가지라는 데서 '능하다'를 뜻한다.

- 能力(능력) : 일을 감당해 내는 힘.
- 能率(능률) : 일정한 시간 내에 해낼 수 있는 일의 분량.
- 能小能大(능소능대) : 작고 큰 모든 일에 두루 능함.

力 힘 **력** 率 비율 **률**, 거느릴 **솔** 小 작을 **소** 大 큰 **대**

團

훈 둥글 음 단

모이다, 모으다

囗(큰입구몸)부, ⑪ 14획

간 团 동 圓 둥글 **원**

형성자 에울 위(囗) 안에 오로지 전(專 : 실패). 專은 실을 실패에 감아 둥글게 하는 것을 뜻한다.

- 團結(단결) : 모여 한 덩어리를 이룸. 團合(단합).
- 團束(단속) : 경계를 단단히 하여 다잡음.
- 團體(단체) : 공동의 목적을 가지고 결성한 집단.

結 맺을 **결** 合 합할 **합** 束 묶을 **속** 體 몸 **체**

壇

훈 단 음 단

제단, 제터, 뜰

土(흙 토)부, ⑬ 16획

간 坛

형성자 흙 토(土)와 도타울 단(亶).
흙을 두텁게 쌓아올려 제사 지내는 곳으로, '제단, 제터'를 뜻한다.

- 壇上(단상) : 단의 위. 교단이나 강단 등의 위.
- 文壇(문단) : 전문적으로 글을 쓰는 사람들이 활동하는 분야.
- 祭壇(제단) : 제사를 지내게 만들어 놓은 단.

上 윗 **상** 文 글월 **문** 祭 제사 **제**

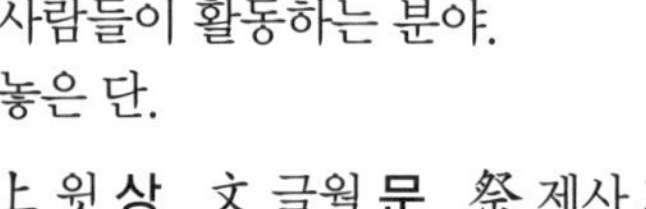

談

훈 말씀 음 담

이야기하다, 설화

言(말씀 언)부, ⑧ 15획

간 谈 동 話 말씀 화

형성자 말씀 언(言)과 불꽃 염(炎).
불꽃처럼 왕성하게 주고받는 말, '말씀'을 뜻한다.

- 談笑(담소) : 여럿이 즐겁게 웃으며 이야기함.
- 談判(담판) : 서로 의논하여 옳고 그른 것을 판단함.
- 談話(담화) : 어떤 일에 대한 입장이나 정책 등을 밝힘. 이야기.

笑 웃음 **소** 判 판단할 **판** 話 말씀 **화**

當

훈 마땅 음 **당**

당하다, 맡다

田(밭 전)부, ⑧ 13획

간 当 반 落 떨어질 **락**

형성자 짝지을 상(尙 : 바라다)과 밭 전(田). 결실 맺기를 바라고 논밭에서 일을 맡아 하는 것을 뜻한다.

- 當局(당국) : 어떤 일을 담당함. 또는 그 곳.
- 當到(당도) : 어떤 곳이나 일에 알맞게 이름.
- 當然(당연) : 마땅히 그러함.

局 판 **국** 到 이를 **도** 然 그럴 **연**

丨 丨丨 ⺌ ⺌ 尚 尚 尚 尚 尚 尚 當 當 當

當

德

훈 큰 음 **덕**

덕, 복, 은혜

彳(두인변)부, ⑫ 15획

약 徳

형성자 조금 걸을 척(彳)과 큰 덕(悳 : 똑바른 마음). 올곧은 마음을 지닌 행위를 나타내어, '크다, 덕'을 뜻한다.

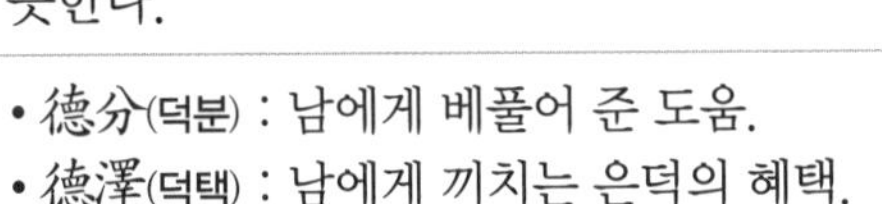

- 德分(덕분) : 남에게 베풀어 준 도움.
- 德澤(덕택) : 남에게 끼치는 은덕의 혜택.
- 德行(덕행) : 어질고 너그러운 행실. 덕성과 행실.

分 나눌 **분** 澤 못 **택** 行 다닐 **행**, 항렬 **항**

丿 彡 彳 彳 彳 彳 彳 彳 彳 德 德 德 德 德 德

德

到

훈 이를 음 도

닿음, 도달하다

刂(선칼도방)부, ⑥ 8획

동 致 이를 치 達 통달할 달 着 붙을 착

형성자 이를 지(至)와 칼 도(刂 · 刀).
옛날에는 칼을 지니고 다녔는데, 무사히 도착하여 이른다는 것을 뜻한다.

- 到達(도달) : 목적한 데에 미침. 정한 곳에 이름.
- 到着(도착) : 목적지에 다다름.
- 到處(도처) : 여러 곳. 이르는 곳. 가는 곳마다.

達 통달할 달 着 붙을 착 處 곳 처

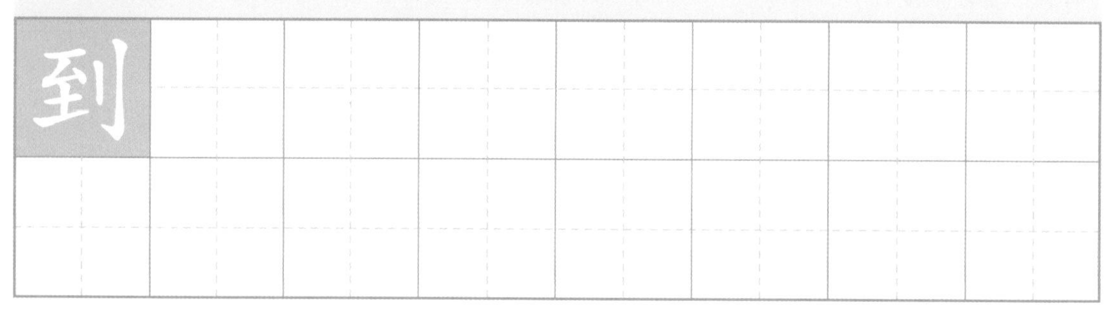

훈 섬 음 도

山(메 산)부, ⑦ 10획

간 岛

형성자 새 조(鳥)와 메 산(山)을 합한 글자.
철새가 쉬는 바다 가운데의 산, '섬' 을 뜻한다.

- 島民(도민) : 섬에서 사는 사람. 섬사람.
- 島配(도배) : 섬으로 귀양을 보냄.
- 落島(낙도) : 외따로 떨어져 있는 섬.

民 백성 민 配 나눌/짝 배 落 떨어질 락

島

[제1회] 한자능력검정시험 5급 예상 문제

문 항 수 : 100문항
합격문항 : 70문항
제한시간 : 50분

1. 다음 밑줄 친 漢字語의 讀音을 쓰세요.(1~35)

1 저 책의 價格이 얼마입니까? [ ]

2 너의 게으른 행동을 改善했으면 좋겠다. [ ]

3 오늘 연극 관람의 客席이 꽉 들어찼다. [ ]

4 나는 우리 반 반장 選擧에 출마하기로 결심하였다. [ ]

5 이번 去來에서 우리는 많은 이익을 창출했다. [ ]

6 홍익 인간의 사상은 우리나라의 建國 이념이다. [ ]

7 지난 주에 일어난 교통 사고 事件은 우리에게 충격적이었다. [ ]

8 청소년의 健全한 사고가 우리 사회를 밝게 한다. [ ]

9 열심히 공부하여 우리 모두 合格의 영광을 얻자. [ ]

10 우리는 내일 역사 박물관을 見學 가기로 하였다. [ ]

11 수학 여행은 경주로 가기로 決定을 내렸다. [ ]

12 敬老 사상은 우리가 지켜야 할 본분이다. [ ]

13 남산에서 바라본 한강의 風景은 가히 장관이다. [ ]

14 오늘 競技에서 우리는 만족할 만한 성과를 얻었다. [ ]

15 나의 진실된 告白을 받아주시오. [ ]

16 이 책을 參考하여 문제를 풀으시오. [ ]

17 우리 固有의 문화 유산을 소중히 다루어야 한다. [ ]

18 잘못된 過去에 집착하면 밝은 미래가 없다. [ ]

19 한문 교육은 우리가 꼭 배워야 할 科目이다. [ ]

20 우리의 關心은 오늘 시험을 무사히 통과하는 것이다. [ ]

21 화창한 봄 나들이의 觀光을 즐겨 보자. [ ]

22 저 상품의 廣告는 좀 색다른 느낌이 있다. [ ]

23 횡단 보도가 없으면 陸橋로 건너는 것이 안전하다. [ ]

24 정의 사회 具現을 이루어 내자. [ ]

25 6 · 25사변으로 우리나라는 어려운 局面에 처했었다. [ ]

26 바쁘신 중에도 貴重한 시간을 내주셔서 고맙습니다. [ ]

27 편지 봉투는 알맞은 規格에 맞추어 써야 한다. [ ]

28 오늘 점심의 給食은 무엇으로 하면 좋을까? [ ]

29 먼 장래를 위해 基金을 마련했으면 좋겠다. [ ]

30 어머니의 念願은 우리가 건강하게 자라는 것이다. [ ]

31 우리의 能力을 마음껏 발휘하자. [ ]

32 나의 목표는 文壇에 데뷔하는 것이다. [ ]

33 정부 當局의 발표에 모두 귀를 기울였다. [ ]

34 부모님 德分에 건강히 잘 지내고 있다. [ ]

35 오늘도 무사히 목적지에 到着했다. [ ]

2. 다음 漢字의 訓과 音을 쓰세요.(36~58)

例	字 → 글자 자

36 改 [ ]	37 擧 [ ]	38 客 [ ]
39 價 [ ]	40 建 [ ]	41 件 [ ]
42 見 [ ]	43 健 [ ]	44 格 [ ]

45 決 [ ] 46 敬 [ ] 47 汽 [ ]

48 島 [ ] 49 期 [ ] 50 到 [ ]

51 談 [ ] 52 壇 [ ] 53 團 [ ]

54 基 [ ] 55 給 [ ] 56 規 [ ]

57 局 [ ] 58 橋 [ ]

3. 다음 밑줄 친 漢字語를 漢字로 쓰세요.(59~73)

59 회관 건립에 관한 의안을 가결합시다. [ ]

60 견문을 넓히기 위해 산업 시찰단을 구성하였다. [ ]

61 원인이 좋아야 결과가 좋습니다. [ ]

62 가을 설악산의 경치는 아름답습니다. [ ]

63 마을 어른들께 경의를 표합시다. [ ]

64 남을 경시하는 태도는 좋지 않은 습관입니다. [ ]

65 한복의 아름다움은 색과 곡선에 있습니다. [ ]

66 지난날의 구습을 버리고 신천지를 맞이합시다. [ ]

67 교통 사고에 대해 우선 구급 조치를 취했다. [ ]

68 이기심을 버리고 공동의 삶을 노력하자. [ ]

69 선진국의 기술을 배워 응용해 봅시다. [ ]

70 여름 방학 기간 동안 어학 연수를 하였습니다. [ ]

71 기차 여행은 편안하고 즐거웠습니다. [ ]

72 우리는 길일을 택해 이사하기로 하였습니다. [ ]

73 온 국민이 단결하여 어려움을 헤쳐 나갑시다. [ ]

4. 다음 訓과 音에 맞는 漢字를 쓰세요.(74~78)

74 큰 덕 [ ] 75 마땅 당 [ ] 76 능할 능 [ ]

77 생각 념 [ ] 78 재주 기 [ ]

5. 다음 漢字와 뜻이 反對 또는 相對 되는 漢字를 쓰세요.(79~81)

79 可 ↔ [ ] 80 去 ↔ [ ] 81 曲 ↔ [ ]

6. 다음 ( ) 안에 들어갈 가장 잘 어울리는 漢字語를 〈例〉에서 찾아 그 번호를 써서 漢字語를 만드세요.(82~85)

例				
	① 生活	② 能小	③ 改良	④ 生心
	⑤ 敬天	⑥ 能率	⑦ 知己	⑧ 見學

82 見物( ) 83 ( )愛人

84 知彼( ) 85 ( )能大

7. 다음 漢字와 뜻이 같거나 뜻이 비슷한 漢字를 〈例〉에서 찾아 그 번호를 쓰세요.(86~88)

例						
	① 改	② 法	③ 思	④ 話	⑤ 爭	⑥ 技

86 談 [ ] 87 競 [ ] 88 規 [ ]

8. 다음 글에서 밑줄 친 뜻에 맞는 漢字語를 찾아 그 번호를 쓰세요.(89~91)

89 우리 사회에서 고정 관념을 버려야 성공자가 됩니다. [ ]

① 固體 ② 自由 ③ 固定 ④ 曲折

90 시청 앞 광장에 모여 축구 경기를 응원하였습니다. [ ]

① 運動 ② 廣野 ③ 廣告 ④ 廣場

91 시험에 응시원서를 구비하여 제출하였습니다. [ ]

① 具現 ② 具備 ③ 具色 ④ 代理

9. 다음 뜻풀이에 맞는 漢字語를 〈例〉에서 찾아 그 번호를 쓰세요.(92~94)

例			
	① 島配	② 基本	③ 貴下
	④ 貴重	⑤ 落島	⑥ 基金

92 상대방을 높이어 일컫는 말. [ ]

93 사물의 가장 중요한 밑바탕. [ ]

94 외따로 떨어져 있는 섬. [ ]

10. 다음 漢字의 略字(약자 : 획수를 줄인 漢字)를 쓰세요.(95~97)

例	醫 → 医

95 擧 [ ] 96 輕 [ ] 97 價 [ ]

11. 다음 漢字의 진하게 표시한 획은 몇 번째 쓰는지 〈例〉에서 찾아 그 번호를 쓰세요.(98~100)

例				
	① 첫 번째	② 두 번째	③ 세 번째	④ 네 번째
	⑤ 다섯 번째	⑥ 여섯 번째	⑦ 일곱 번째	⑧ 여덟 번째

98 建 [ ] 99 考 [ ] 100 曲 [ ]

都 獨 落 朗 冷 良 量 旅 歷 練

領 令 勞 料 類 流 陸 馬 末 望

亡 賣 買 無 倍 法 變 兵 福 奉

比 鼻 費 氷 仕 士 史 思 寫 查

產 相 商 賞 序 仙 鮮 善 船 選

都

훈 도읍 음 도

서울, 도회지, 모두

阝(邑, 우부방)부, ⑨ 12획

阝(邑 : 우부방, 고을 읍) 부수의 글자는 '고을'과 관련이 있다. 반 農 농사 농 鄕 시골 향

형성자 놈 자(者 : 모이다)와 고을 읍(阝 · 邑)을 합한 글자. 많은 사람들이 살고 있는 고을, '도읍, 도회지'를 뜻한다.

- 都市(도시) : 사람이 많이 살고 여러 시설이 모여 있는 곳.
- 都心(도심) : 도시의 중심이 되는 곳. 도시의 중심부.
- 首都(수도) : 나라의 정부가 있는 도시. 서울.

市 저자 **시** 心 마음 **심** 首 머리 **수**

一 十 土 耂 耂 耂 者 者 者 者' 者阝 都

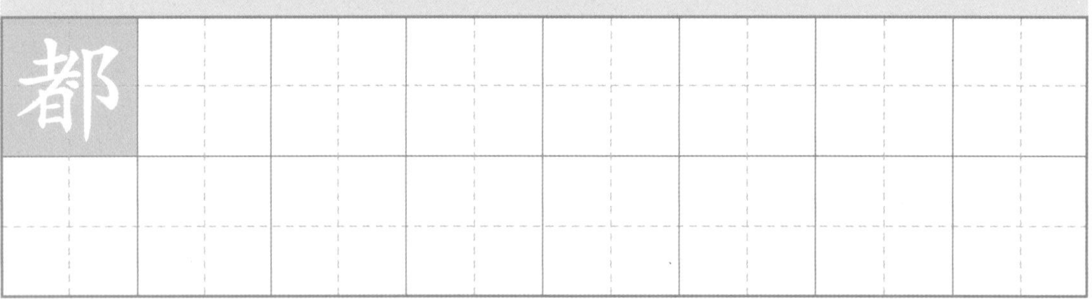

훈 홀로 음 독

혼자, 단독

犭(개사슴록변)부, ⑬ 16획

약 独

형성자 개 견(犭 · 犬)과 징그러운 애벌레 촉(蜀 : 큰 닭). 개와 닭은 잘 싸우므로 따로 떼어 놓는 것으로, '홀로'를 뜻한다.

- 獨立(독립) : 혼자 서 있음. 나라가 완전히 독립권을 행사함.
- 獨善(독선) : 자기 혼자만이 옳다고 믿고 행동함.
- 獨特(독특) : 다른 것과 비슷하지 않고 특별하게 다름.

立 설 **립** 善 착할 **선** 特 특별할 **특**

丿 犭 犭 犭 犭' 犭'' 犭''' 犭罒 犭罒 犭罒 犭罒 犭罒 犭罒 獨 獨 獨

獨

훈 떨어질 음 **락**

낙하, 흩어지다

艹(초두머리)부, ⑨ 13획

반 當 마땅 **당**

형성자 풀 초(艹 · 艸)와 낙수 락(洛 : 이르다). 초목의 잎이 땅 위에 이르는 것으로, '떨어지다'를 뜻한다.

- 落葉(낙엽) : 잎이 말라 떨어지는 현상. 또는 그 떨어진 잎.
- 落伍(낙오) : 대오에서 떨어짐. 경쟁에서 뒤떨어짐.
- 落後(낙후) : 경제나 문화 따위가 뒤떨어짐.

葉 잎 **엽** 伍 다섯사람 **오** 後 뒤 **후**

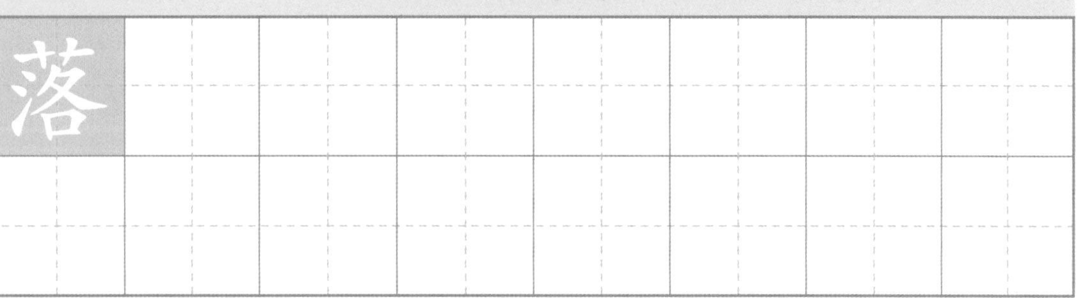

훈 밝을 음 **랑**

맑다, 소리

月(달 월)부, ⑦ 11획

약 朗

형성자 어질 량(良 : 좋다)과 달 월(月). 달빛이 밝고 하늘이 맑은 것을 뜻한다.

- 朗讀(낭독) : 소리를 내어 읽음.
- 朗報(낭보) : 명랑한 보도. 반가운 소식.
- 朗誦(낭송) : 소리를 높여 글을 읽음.

讀 읽을 **독**, 구절 **두** 報 갚을/알릴 **보** 誦 욀 **송**

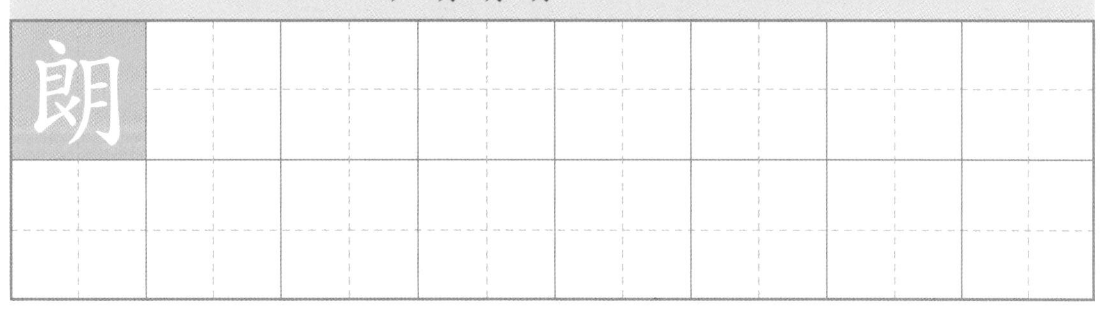

훈 찰 음 랭

맑다, 쌀쌀하다

冫(이수변)부, ⑤ 7획

간 冷 반 溫 따뜻할 온 동 寒 찰 한

형성자 얼음 빙(冫)과 명령할 령(令).
얼음처럼 차갑고 냉정한 것이 명령이라 하여, '차다, 쌀쌀하다'를 뜻한다.

- 冷凍(냉동) : 인공적으로 얼게 함. 냉각시켜서 얼림.
- 冷溫(냉온) : 찬 기운과 따뜻한 기운. 찬 온도.
- 冷靜(냉정) : 침착하여 감정에 흔들리지 않음.

凍 얼 동 溫 따뜻할 온 靜 고요할 정

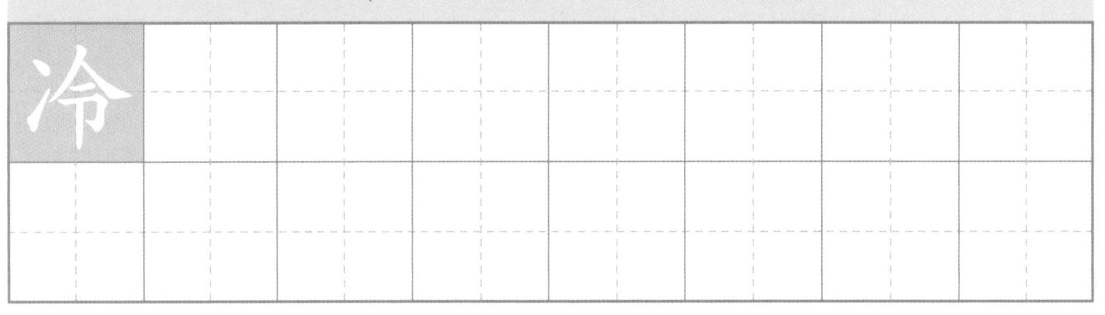

훈 어질 음 량

좋다, 착하다

艮(그칠 간)부, ① 7획

동 善 착할 선 賢 어질 현

상형자 체나 키로 쳐서 곡식을 가려내는 모양을 본뜬 글자로, 가려내는 것은 '어질다, 좋다'를 뜻한다.

- 良民(양민) : 죄 없는 국민. 착한 백성.
- 良心(양심) : 사람의 본 마음. 인간 고유의 착한 마음.
- 良好(양호) : 상당히 좋음. 매우 좋음.

民 백성 민 心 마음 심 好 좋을 호

丶 ㇇ ㇈ ㇌ 㫐 良 良

良

量

상형자
곡물을 넣는 주머니 위에 깔때기를 댄 모양으로, '분량을 되다, 물건의 양을 헤아리다'를 뜻한다.

훈 헤아릴 음 **량**
양, 분량, 용량
里(마을 리)부, ⑤ 12획

- 量器(양기) : 물건의 양을 되는 기구(되 · 말 등).
- 度量(도량) : 길이를 재는 것과 양을 재는 것. 너그러운 마음과 깊은 생각.
- 力量(역량) : 어떤 일을 해낼 수 있는 힘과 능력.

器 그릇 **기** 度 법도 **도**, 헤아릴 **탁** 力 힘 **력**

丨 冂 日 旦 昌 昌 昌 昌 昌 量 量 量

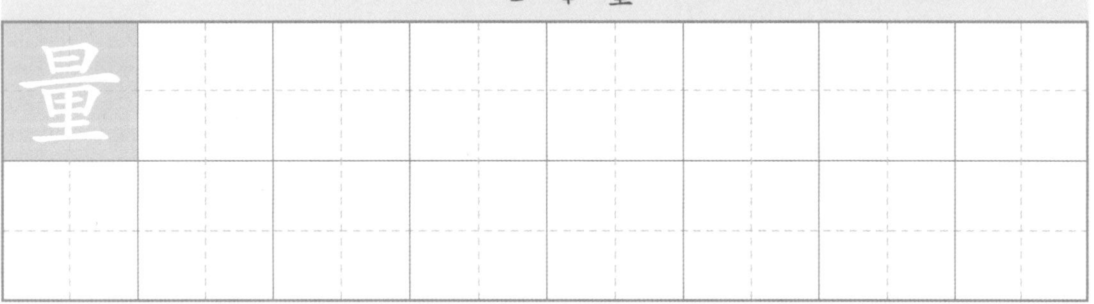

旅

회의자
깃발 언(㫃)과 사람 인(人)으로, 언(㫃)은 군기를 본뜬 것. 군기를 앞세우고 가는 것을 뜻한다.

훈 나그네 음 **려**
여행하다, 무리
方(모 방)부, ⑥ 10획

- 旅客(여객) : 나그네. 길손. 여행하는 사람.
- 旅券(여권) : 외국 여행하는 사람에게 정부가 주는 여행 허가증.
- 旅行(여행) : 다른 고장이나 나라에 나다니는 일.

客 손 **객** 券 문서 **권** 行 다닐 **행**, 항렬 **항**

丶 亠 方 方 方 方 旅 旅 旅 旅

旅

歷

간 历 약 歴

형성자 세월 력(厤 · 曆)과 이를 지(止).
세월이 흘러가는 것으로, '지나다'를 뜻한다.

훈 지날 음 **력**

지내다, 겪다, 두루, 책력

止(그칠 지)부, ⑫ 16획

- 歷代(역대) : 여러 대를 이음. 지내온 각 대(代).
- 歷史(역사) : 인류 사회의 변천과 흥망의 기록.
- 歷任(역임) : 여러 벼슬을 차례로 지냄.

代 대신 **대** 史 사기 **사** 任 맡길 **임**

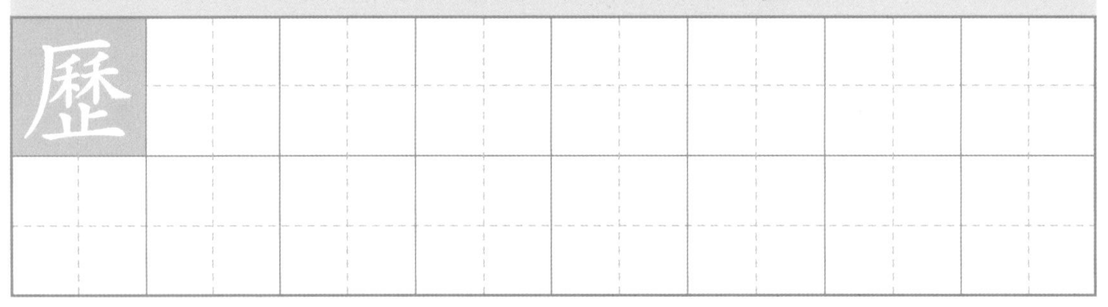

간 练 약 練

형성자 실 사(糸)와 분별할 간(柬).
실을 삶아서 분별해 내는 것으로, '익히다'를 뜻한다.

훈 익힐 음 **련**

단련하다, 숙달되다

糸(실 사)부, ⑨ 15획

- 鍊磨(연마) : 학문이나 기술을 위해 노력하여 익힘.
- 練兵(연병) : 군대(군사)를 훈련함.
- 練習(연습) : 학술이나 기예 등을 되풀이하여 익힘.

磨 갈 **마** 兵 병사 **병** 習 익힐 **습**

領

훈 거느릴 음 **령**

옷깃, 우두머리

頁(머리 혈)부, ⑤ 14획

간 领

형성자 명령 령(令)과 머리 혈(頁).
명령을 내리는 사람은 남의 우두머리 노릇을 하여, '거느리다'를 뜻한다.

- 領收(영수) : 돈이나 물품 따위를 받아들임.
- 領域(영역) : 힘, 생각, 활동 따위가 미치는 분야나 범위.
- 領土(영토) : 한 나라의 통치권이 미치는 지역.

收 거둘 **수** 域 지경 **역** 土 흙 **토**

丿 𠂉 𠂊 亽 令 令 令 邻 邻 領 領 領 領 領

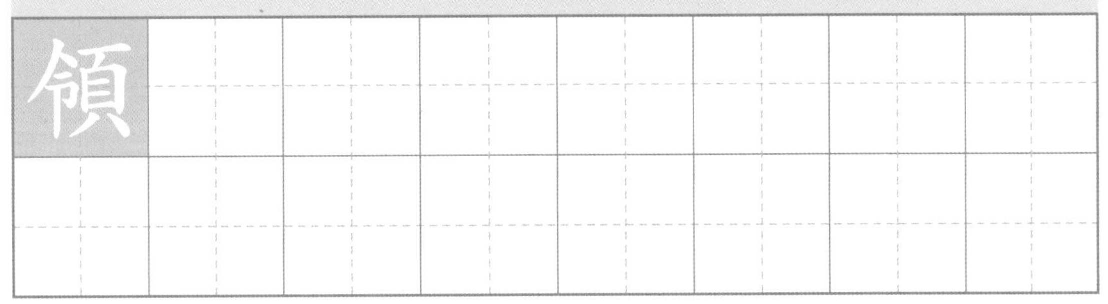

훈 하여금 음 **령**

명령하다, 법령

人(사람 인)부, ③ 5획

간 令

회의자 모을 집(亼·集)과 병부 절(卩).
卩은 무릎을 꿇는 것으로, 무릎을 꿇고 명령을 받는 것을 뜻한다.

- 令息(영식) : 남을 높이어 그의 '아들'을 일컫는 말.
- 令狀(영장) : 명령을 적은 문서. 법원이 발행한 문서.
- 命令(명령) : 윗사람이 아랫사람에게 내리는 분부.

息 쉴 **식** 狀 형상 **상**, 문서 **장** 命 목숨 **명**

丿 人 亼 今 令

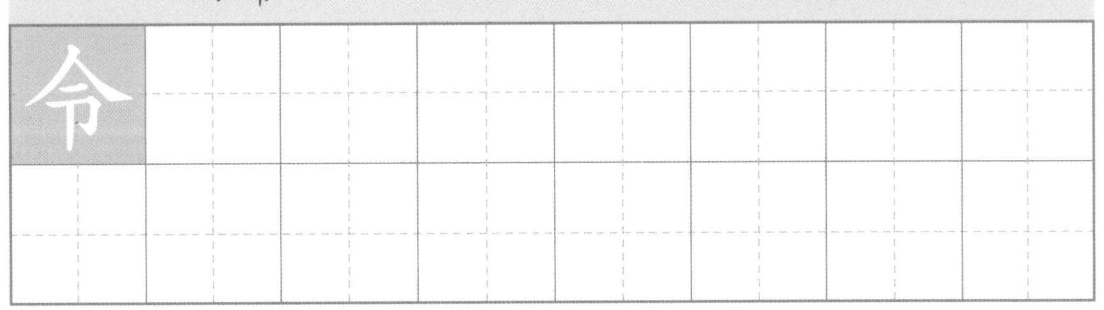

勞

간 劳 약 労 반 使 하여금/부릴 **사**

훈 일할 음 **로**

수고롭다, 애쓰다

力(힘 력)부, ⑩ 12획

회의자 밝을 형(𤇾 · 熒)과 힘 력(力).
熒은 홰를 엮어 세운 화톳불의 뜻으로, 열심히 일하는 것을 뜻한다.

- 勞苦(노고) : 힘들여 애쓰고 고생함. 수고를 위로함.
- 勞動(노동) : 마음과 몸을 움직여 일을 함.
- 勞使(노사) : 노동자와 사용자. 마구 부려 먹음.

苦 쓸 **고** 動 움직일 **동** 使 하여금/부릴 **사**

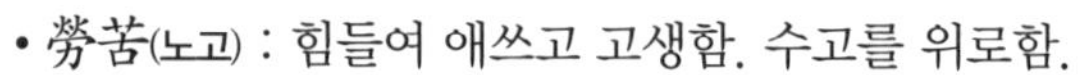

勞

料

훈 헤아릴 음 **료**

세다, 되질하다

斗(말 두)부, ⑥ 10획

회의자
쌀 미(米)와 말 두(斗)를 합한 글자.
말로 쌀을 되듯이 헤아리며 되질하는 것을 뜻한다.

- 料金(요금) : 대가로 셈하는 돈.
- 料量(요량) : 앞일에 대해 잘 생각하여 헤아림.
- 料理(요리) : 식품의 맛을 돋구어 음식을 조리함.

金 쇠 **금**, 성 **김** 量 헤아릴 **량** 理 다스릴 **리**

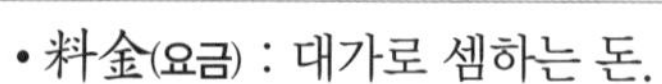

類

훈 무리 음 **류**

종류, 닮다, 비슷하다

頁(머리 혈)부, ⑩ 19획

간 类 동 群 무리 **군**

형성자 쌀 미(米)와 개 견(犬), 머리 혈(頁 : 수효를 의미함). 둘 이상의 것이 겹쳐 있는 것으로, '무리'를 뜻한다.

- 類別(유별) : 종류에 따라 나누어 구별함.
- 類似(유사) : 서로 비슷함.
- 類型(유형) : 공통되는 특징을 나타내는 본보기.

別 다를/나눌 **별** 似 닮을 **사** 型 모형 **형**

丶 丷 䒑 米 米 米 类 类 类 类 类 类 類 類 類 類 類 類 類

類

流

훈 흐를 음 **류**

떠돌다, 귀양보내다

氵(삼수변)부, ⑦ 10획

회의자
물 수(氵·水)와 아이 돌아 나올 류(㐬).
양수(羊水)와 함께 흘러나오는 아이 모습으로, '흐르다'를 뜻한다.

- 流浪(유랑) : 정처없이 떠돌아다님. 이리저리 방랑함.
- 流配(유배) : 죄인을 귀양 보냄.
- 流血(유혈) : 피를 흘림. 흘러 나오는 피.

浪 물결 **랑** 配 나눌/짝 **배** 血 피 **혈**

丶 氵 氵 氵 汁 汁 浐 浐 济 流

流

陸

훈 뭍 음 **륙**

육지, 언덕, 길

阝(좌부방)부, ⑧ 11획

간 陆 반 海 바다 **해**

형성자 언덕 부(阝 · 阜)와 언덕 륙(坴).
언덕과 언덕이 잇닿아 있는 '뭍, 육지'를 뜻한다.

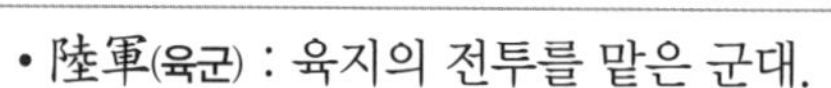

- 陸軍(육군) : 육지의 전투를 맡은 군대.
- 陸路(육로) : 육지의 길.
- 陸地(육지) : 물에 덮이지 않은 지구의 표면. 뭍.

軍 군사 **군** 路 길 **로** 地 따(땅) **지**

㇇ 阝 阝 阝 阝 阝 阝 阝 阝 陸 陸

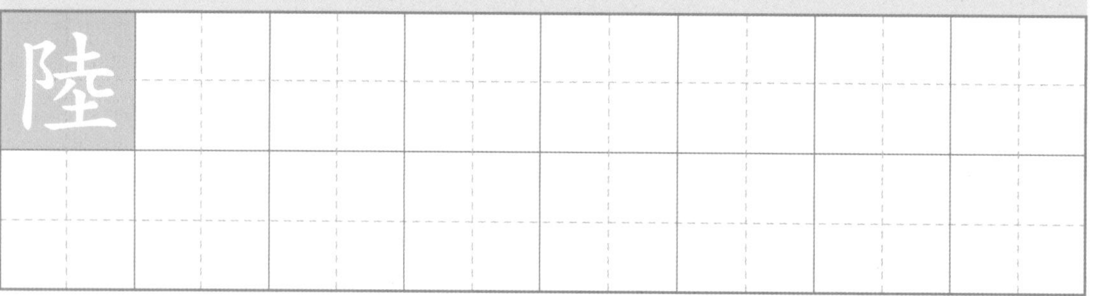

陸

馬

훈 말 음 **마**

산가지, 크다

馬(말 마)부, ⓪ 10획

간 马

상형자 말의 머리와 갈기, 다리와 꼬리 등 말의 모양을 본떠, '말'을 뜻한다.

- 馬具(마구) : 말에 딸리는 기구. 안장 · 재갈 · 고삐 등.
- 馬耳東風(마이동풍) : '말 귀에 봄바람'이란 뜻으로, 남의 말을 귀담아 듣지 않고 흘려 버림을 일컫는 말.

具 갖출 **구** 耳 귀 **이** 東 동녘 **동** 風 바람 **풍**

丨 ㄏ 𠃊 𠃊 𠃊 馬 馬 馬 馬 馬

馬

훈 끝 음 **말**

지엽(枝葉), 신하

木(나무 목)부, ① 5획

반 本 근본 **본** 始 비로소 **시**

지사자 나무 목(木) 위에 한 일(一)을 더하여 나무의 끝을 뜻한다.

- 末期(말기) : 끝나는 시기. 일생의 끝 무렵.
- 末端(말단) : 맨 끄트머리. 맨 아래. 끝.
- 始末(시말) : 처음과 끝. 일의 전말.

期 기약할 **기** 端 끝 **단** 始 비로소 **시**

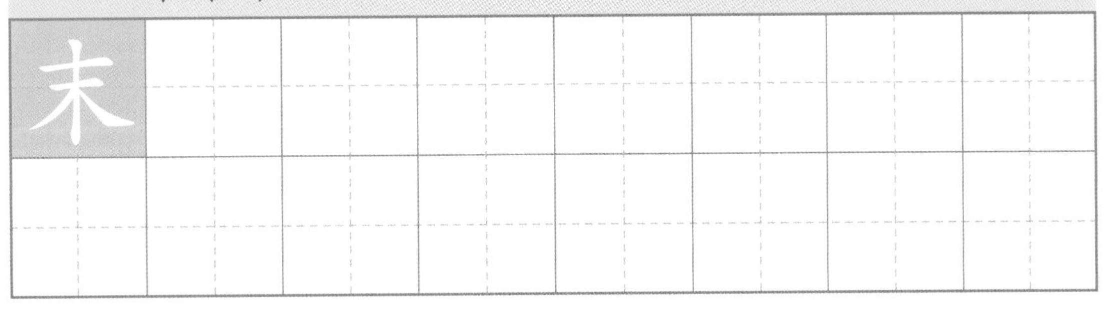

望

훈 바랄 음 **망**

기다리다, 바라보다

月(달 월)부, ⑦ 11획

동 希 바랄 **희**

회의자 도망 망(亡)과 달 월(月), 우뚝 설 임(壬). 달을 보며 먼 길 간 사람을 기다리는 것을 뜻한다.

- 望臺(망대) : 망을 보기 위하여 세운 대. 전망대.
- 望鄕(망향) : 고향을 그리워함. 고향 쪽을 바라봄.
- 怨望(원망) : 못마땅하게 여겨 탓하거나 불만을 품고 미워함.

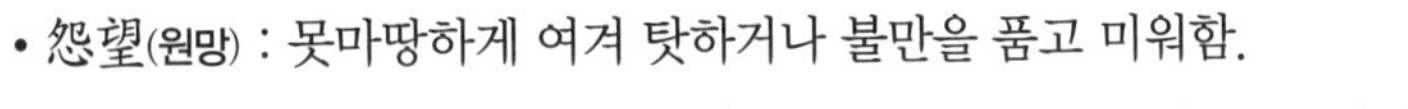

臺 대 **대** 鄕 시골 **향** 怨 원망할 **원**

望

훈 망할 음 망

멸망하다, 죽다, 도망

亠(돼지해머리)부, ① 3획

반 存 있을 존 동 逃 도망할 도 死 죽을 사

상형자 사람(亠 · 人)이 건물 안(ㄴ)에 숨은 모양. 잘못한 사람이 숨는 것으로, '망하다, 달아나다'를 뜻한다.

- 亡國(망국) : 망하여 없어진 나라. 나라를 망침.
- 亡命(망명) : 남의 나라로 몸을 피함.
- 亡身(망신) : 자신의 명예나 체면 따위를 망침.

國 나라 국 命 목숨 명 身 몸 신

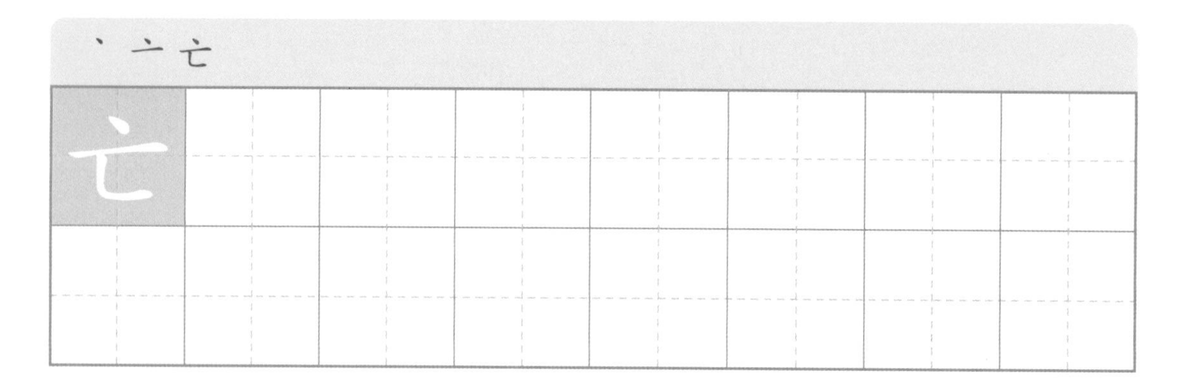

훈 팔 음 매

넓히다, 퍼뜨리다

貝(조개 패)부, ⑧ 15획

간 卖 약 売 반 買 살 매

형성자 날 출(士 · 出)과 살 매(買). 사들인 물건을 다시 내놓는 것으로 '팔다'를 뜻한다.

- 賣官賣職(매관매직) : 돈이나 재물을 받고 벼슬을 시킴.
- 賣買(매매) : 팔고 사는 일.
- 賣盡(매진) : 물건이 전부 팔림.

官 벼슬 관 職 직분 직 買 살 매 盡 다할 진

一 十 士 士 声 声 声 赍 青 青 賣 賣 賣 賣 賣

賣								

훈 살 음 **매**

구매하다, 부르다

貝(조개 패)부, ⑤ 12획

간 买 반 賣 팔 **매**

회의자 그물 망(罒 · 网 : 망태기)과 조개 패(貝). 그물로 재화를 거두어들이는 것으로, '사다'를 뜻한다.

- 買收(매수) : 사들임. 남의 마음을 사서 자기 편으로 삼음.
- 買占賣惜(매점매석) : 큰 이익을 남기려고 상품을 미리 많이 사둠.
- 買票(매표) : 표를 삼.

收 거둘 **수** 占 점령할/점칠 **점** 惜 아낄 **석** 票 표 **표**

丶 冂 罒 罒 罒 罒 罒 罒 罒 罒 罒 罒 罒 冂 罒 罒 罒 罒 罒 買 買 買

買

훈 없을 음 **무**

아니다, 허무의 도

灬(연화발)부, ⑧ 12획

간 无 약 旡 반 有 있을 **유**

회의자 큰 대(𠂉 · 大)와 수풀을 뜻하는 𣞤에 불 화(灬 · 火). 나무가 무성한 큰 숲은 불타면 없어진다는 뜻.

- 無常(무상) : 일정함이 없음. 덧없음.
- 無用之物(무용지물) : 아무짝에도 쓸모없는 물건.
- 無知(무지) : 아는 것이 없음. 어리석음. 지혜가 없음.

常 떳떳할 **상** 用 쓸 **용** 之 갈 **지** 物 물건 **물** 知 알 **지**

無

倍

훈 곱 음 배

곱하다, 갑절, 더하다

亻(사람인변)부, ⑧ 10획

회의자

사람 인(亻 · 人)과 가를 부(咅).
하나의 것을 갈라 그 수가 배가 되는 것을 뜻한다.

- 倍加(배가) : 갑절을 더함. 갑절로 늘림. 점점 더함.
- 倍償(배상) : 배로 하여 갚음. 배로 변상함.
- 倍數(배수) : 어떤 수의 갑절이 되는 수.

加 더할 **가** 償 갚을 **상** 數 셈 **수**

丿 亻 亻 亻 亻 仿 倍 倍 倍 倍

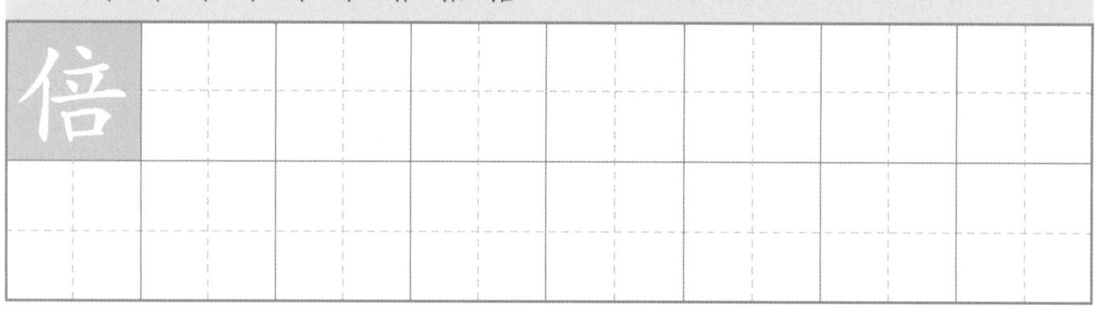

훈 법 음 법

방법, 모형, 본받다

氵(삼수변)부, ⑤ 8획

동 式 법 식 典 법 전

회의자 물 수(氵 · 水)와 버릴 거(去).
공평함이 물과 같고 그른 것을 쫓아내는 것이 법이라는 뜻.

- 法規(법규) : 법률상의 규정.
- 法律(법률) : 사회 생활을 유지하기 위한 규범.
- 法案(법안) : 법률의 안건. 법률의 초안.

規 법 **규** 律 법칙 **률** 案 책상 **안**

丶 丶 氵 氵 汁 注 法 法

法

變

훈 변할 음 변

바뀌다, 고치다

言(말씀 언)부, ⑯ 23획

간 变 약 変 동 化 될 화

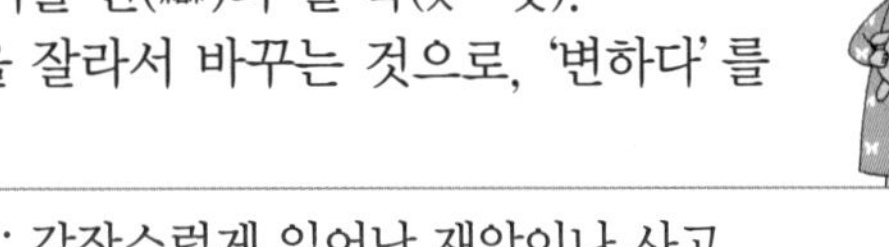

회의자 말이을 련(䜌)과 칠 복(攵·攴).
연속된 것을 잘라서 바꾸는 것으로, '변하다'를 뜻한다.

- 變故(변고) : 갑작스럽게 일어난 재앙이나 사고.
- 變動(변동) : 변하여 움직임. 사정이나 상황이 바뀜.
- 變化(변화) : 사물의 성질이나 모양·상태가 바뀌어 달라짐.

故 연고 **고** 動 움직일 **동** 化 될 **화**

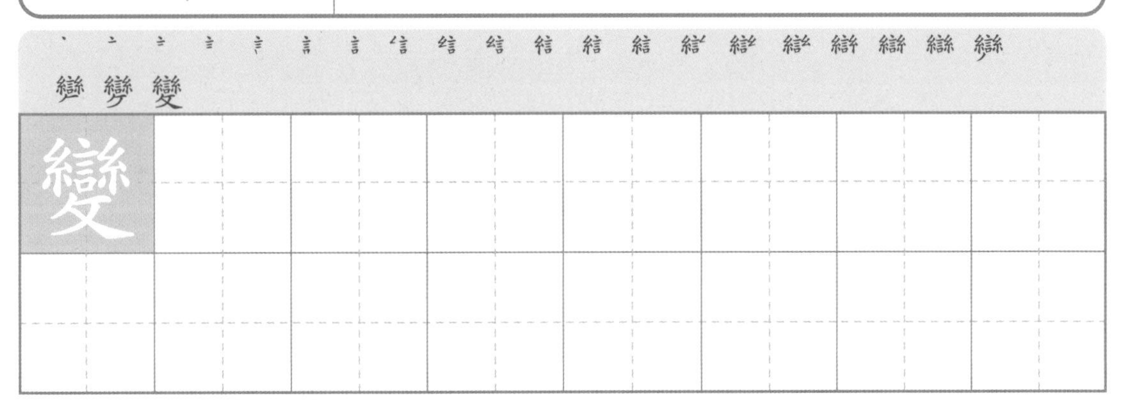

兵

훈 병사 음 병

군사, 군인, 무기, 전쟁

八(여덟 팔)부, ⑤ 7획

반 將 장수 **장** 동 士 선비 **사**

회의자 도끼 근(斤)에 맞잡을 공(廾·廾).
양손으로 쥐는 도끼의 뜻에서, '군사, 무기'를 뜻한다.

- 兵器(병기) : 전쟁을 할 때 사용하는 무기.
- 兵士(병사) : 부대를 이루고 있는 보통 군인.
- 兵役(병역) : 국민의 의무로서 일정 기간 동안 군에 복무함.

器 그릇 **기** 士 선비 **사** 役 부릴 **역**

福

훈 복 음 복

행복, 상서롭다

示(보일 시)부, ⑨ 14획

간 福 반 禍 재앙 **화** 凶 흉할 **흉**

형성자 보일 시(示)와 찰 복(畐 : 술동이).
신에게 술을 바쳐 술동이처럼 풍족한 행복,
'복'을 뜻한다.

- 福券(복권) : 제비를 뽑아 당첨되면 상금 등을 받는 표찰.
- 福祿(복록) : 복과 녹. 복되고 영화로운 삶.
- 福祉(복지) : 만족할 만한 생활 환경. 행복과 이익.

券 문서 **권** 祿 녹 **록** 祉 복 **지**

一 二 亍 亍 示 礻 礻 礻 祀 祀 祀 福 福 福 福

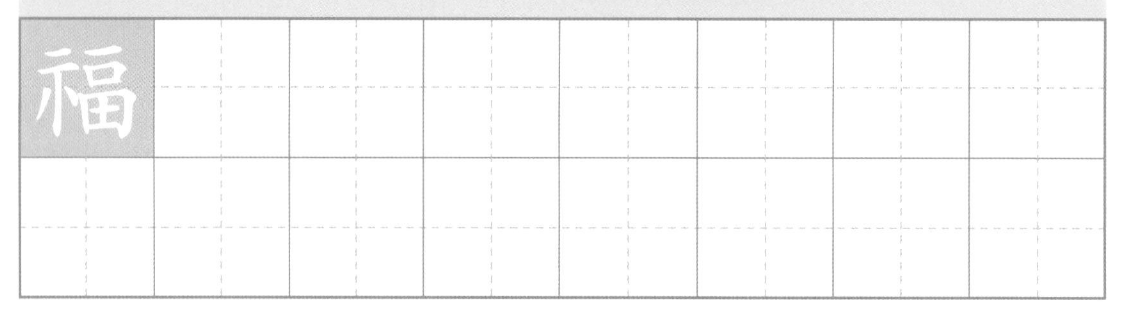

훈 받들 음 **봉**

바치다, 기르다

大(큰 대)부, ⑤ 8획

형성자
무성할 봉(丰)과 들 공(廾), 손 수(手).
양손을 모아 물건을 '받들다'의 뜻을 나타낸다.

- 奉仕(봉사) : 국가나 사회, 남을 위해 자신을 돌보지 않고 힘써 일함.
- 奉養(봉양) : 부모 등 웃어른을 받들어 모심.
- 奉祝(봉축) : 받들어 축하함.

仕 섬길 **사** 養 기를 **양** 祝 빌 **축**

一 二 三 丰 夫 夫 叁 奉

奉

훈 견줄 음 비

비교하다, 비율

比(견줄 비)부, ⓪ 4획

상형자

두 사람이 나란히 서 있는 모양을 본뜬 글자로, '견주다'를 뜻한다.

- 比較(비교) : 여럿을 서로 견주어 봄. 또는 그 일.
- 比例(비례) : 두 수나 양의 비율이 다른 두 수나 양의 비율과 같은 일.
- 比率(비율) : 어떤 수량의 다른 수량에 대한 많고 적음의 정도.

較 견줄/비교할 **교** 例 법식 **례** 率 비율 **률**, 거느릴 **솔**

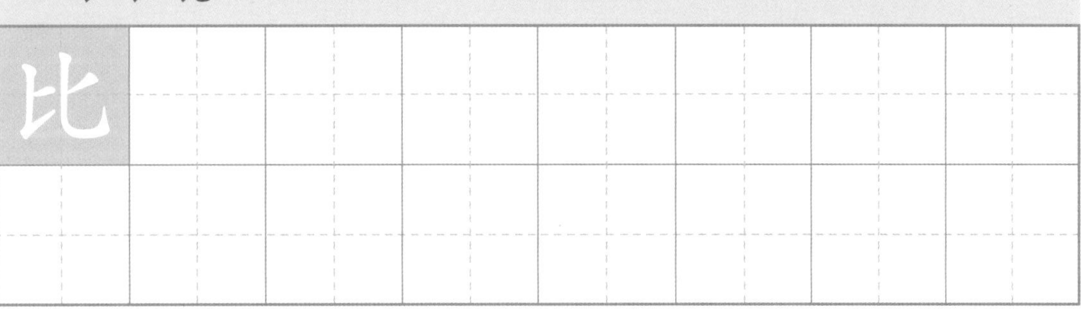

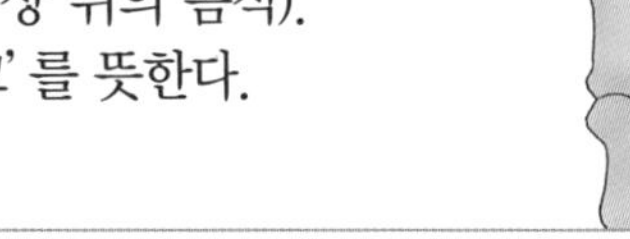

훈 코 음 비

처음, 시작, 비롯하다

鼻(코 비)부, ⓪ 14획

회의 · 형성자

스스로 자(自 : 코)와 줄 비(畀 : 상 위의 음식). 냄새를 맡거나 공기를 통하는 '코'를 뜻한다.

- 鼻骨(비골) : 코를 형성하는 연골. 코를 이룬 뼈.
- 鼻孔(비공) : 콧구멍.
- 鼻笑(비소) : 코웃음. 冷笑(냉소).

骨 뼈 **골** 孔 구멍 **공** 笑 웃음 **소** 冷 찰 **랭**

費

훈 쓸 음 **비**

소비하다, 비용

貝(조개 패)부, ⑤ 12획

간 费

형성자 버릴 불(弗)과 조개 패(貝 : 돈).
돈이나 재화를 흩어 버리는 것으로, '쓰다' 를 뜻한다.

- 費用(비용) : 물건을 사거나 어떤 일을 하는데 드는 돈.
- 費錢(비전) : 돈을 헛되이 씀.
- 浪費(낭비) : 재물이나 시간 따위를 헛되이 씀.

用 쓸 **용** 錢 돈 **전** 浪 물결 **랑**

一 ㄱ 弓 弔 弗 弗 弗 弗 曹 曹 費 費

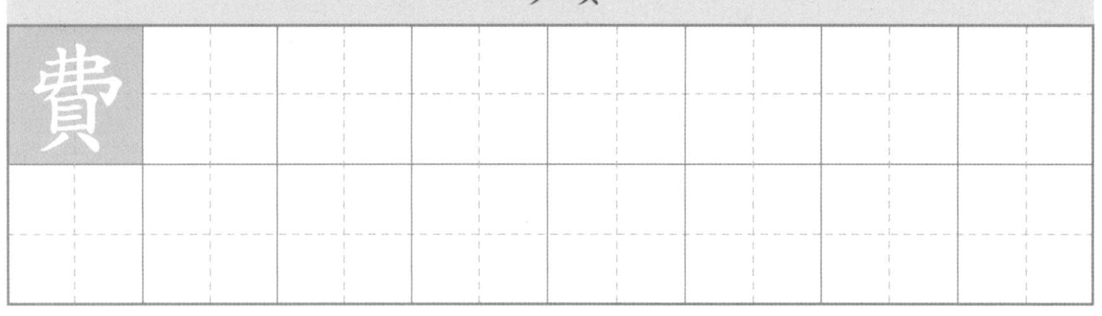

氷

훈 얼음 음 **빙**

얼다, 차고 맑다

水(물 수)부, ① 5획

약 冰 반 炭 숯 **탄**

상형 · 회의자 얼음 빙(冫)과 물 수(水).
물이 얼어 굳어진 모양. 물이 응결하여 굳게 언, '얼음, 얼다' 를 뜻한다.

- 氷庫(빙고) : 얼음을 넣어 두는 창고.
- 氷水(빙수) : 얼음을 잘게 갈아 팥이나 과일 등을 넣은 음식.
- 氷點(빙점) : 어는 점. 곧 섭씨 0도.

庫 곳집 **고** 水 물 **수** 點 점 **점**

亅 丬 汁 氵 氷

仕

훈 섬길 음 **사**

벼슬, 벼슬하다

亻(사람인변)부, ③ 5획

형성자
사람 인(亻 · 人)과 선비 사(士).
학문을 익힌 사람, 선비가 되어야 벼슬을 한다는 뜻을 나타낸다.

- 仕官(사관) : 관리가 되어 벼슬살이를 함. 仕宦(사환).
- 仕路(사로) : 벼슬길. 선비로서 가야 할 길.
- 仕進(사진) : 벼슬아치가 정해진 시각에 출근함.

官 벼슬 **관** 宦 벼슬 **환** 路 길 **로** 進 나아갈 **진**

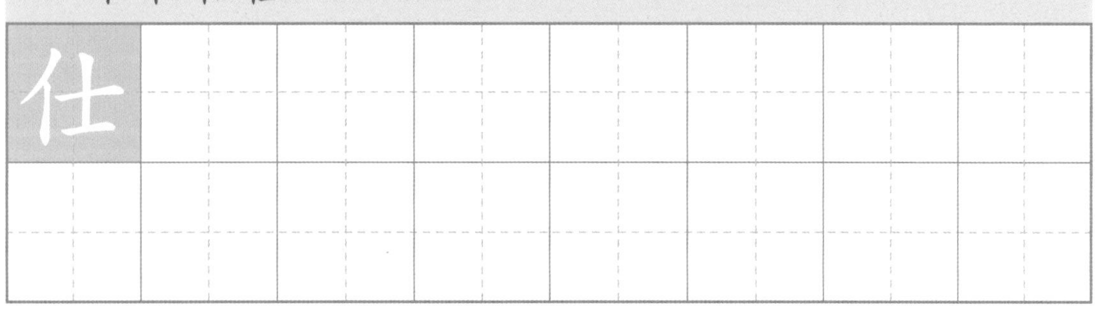

훈 선비 음 **사**

벼슬, 사내, 군사

士(선비 사)부, ⓪ 3획

동 兵 병사 **병**

상형자 열 십(十)과 한 일(一).
하나(一)를 배우면 열(十)을 깨우치는 '선비'를 뜻한다. 큰 도끼의 상형.

- 士氣(사기) : 선비의 기개. 병사의 기세. 무엇을 하고자 하는 기세.
- 士林(사림) : 선비들의 세계.
- 士兵(사병) : 하사관(下士官) 이하의 군인.

氣 기운 **기** 林 수풀 **림** 兵 병사 **병** 下 아래 **하**

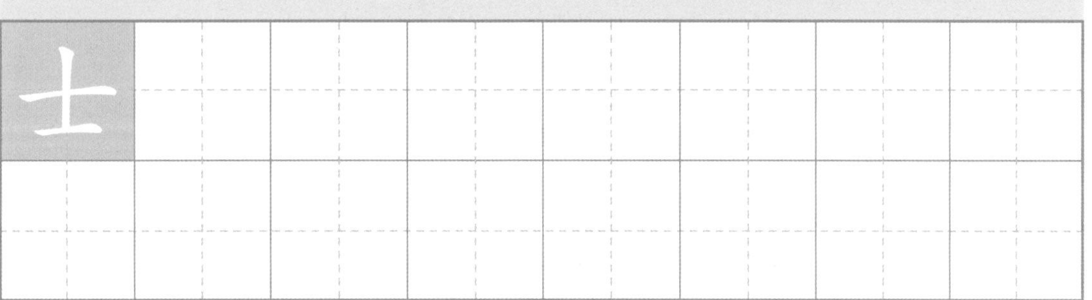

훈 사기 음 **사**

역사, 사관(史官)

口(입 구)부, ② 5획

회의자
가운데 중(中 : 올바름)과 또 우(又 : 손).
사실을 올바르게 기록하는 '역사'를 뜻한다.

- 史觀(사관) : 역사적 현상을 파악하여 해석하는 입장.
- 史記(사기) : 역사의 사실을 기록한 책.
- 史蹟(사적) : 역사의 중요한 사건이나 시설의 자취. 遺蹟(유적).

觀 볼 **관** 記 기록할 **기** 蹟 자취 **적** 遺 남길 **유**

丶 ㄇ 口 口 史

史

훈 생각 음 **사**

바라다, 사모하다

心(마음 심)부, ⑤ 9획

동 考 생각할 **고** 念 생각 **념** 慮 생각할 **려**

회의자 정수리 신(田 · 囟)과 마음 심(心).
머릿속과 마음으로 생각하는 것을 뜻한다.

- 思考(사고) : 생각하고 궁리함.
- 思慕(사모) : 그리워함. 받들고 마음으로 따름.
- 思想(사상) : 사회 및 인생에 대한 일정한 견해.

考 생각할 **고** 慕 그릴 **모** 想 생각 **상**

丶 ㄇ 冂 田 田 田 思 思 思

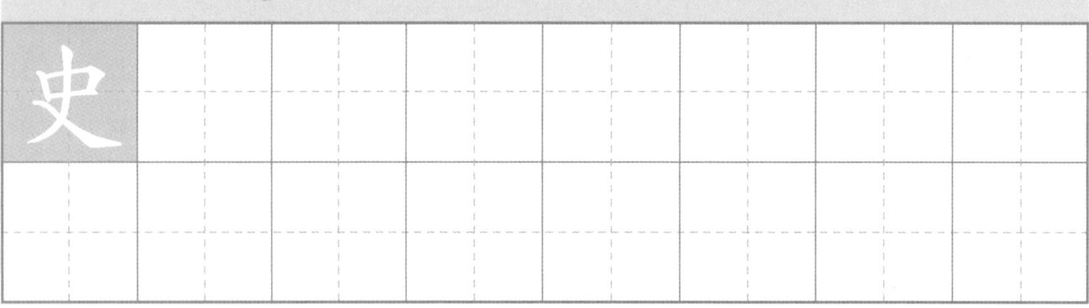

훈 베낄 음 **사**

그리다, 본뜨다

宀(갓머리)부, ⑫ 15획

약 写

형성자 움집 면(宀 : 덮다)과 까치 작(舃 · 鵲).
종이 등을 덧씌워서 베끼는 것을 뜻한다.

- 寫本(사본) : 문서나 책을 베낌. 베낀 문서나 책.
- 寫生(사생) : 자연의 경치나 사물 등을 보고 그대로 그림.
- 寫眞(사진) : 물체의 모양을 그려 냄. 사진기로 촬영함.

本 근본 **본** 生 날 **생** 眞 참 **진**

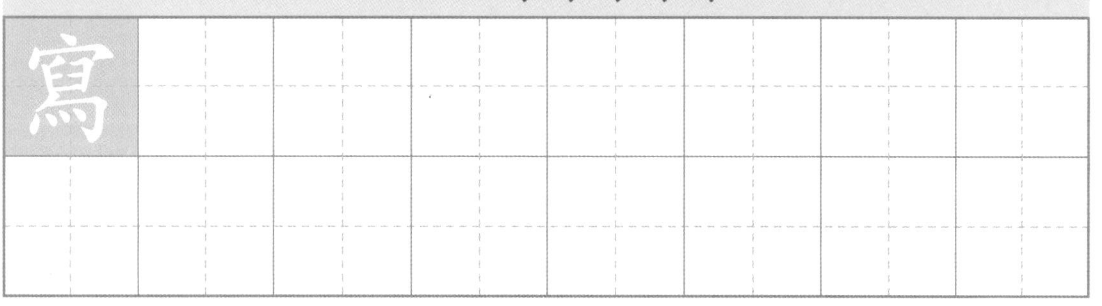

훈 조사할 음 **사**

사실하다, 뗏목

木(나무 목)부, ⑤ 9획

형성자
나무 목(木)과 또 차(且).
나무를 겹쳐 엮은 뗏목을 뜻하였으나 후에
'조사, 사실하다' 로 쓰인다.

- 査頓(사돈) : 혼인한 두 집의 부모끼리 부르는 말.
- 査閱(사열) : 조사하기 위하여 쭉 살펴봄. 군대의 상황을 살핌.
- 査察(사찰) : 조사하여 살핌. 검사함.

頓 조아릴 **돈** 閱 볼/검열할 **열** 察 살필 **찰**

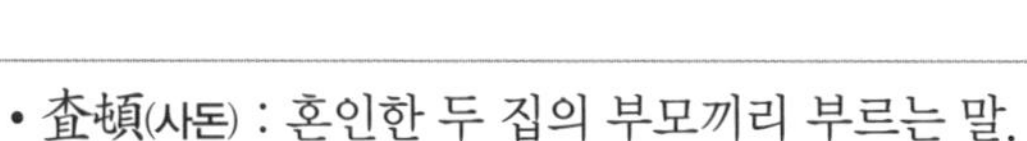

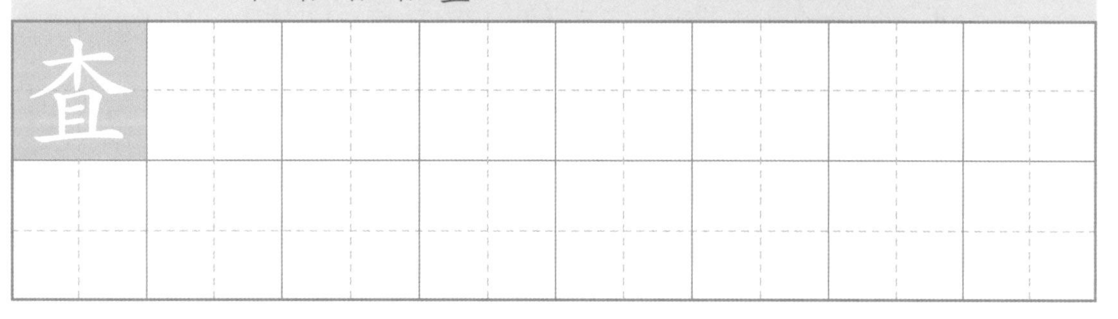

産

훈 낳을 음 산

나다, 일어나다

生(날 생)부, ⑥ 11획

간 产

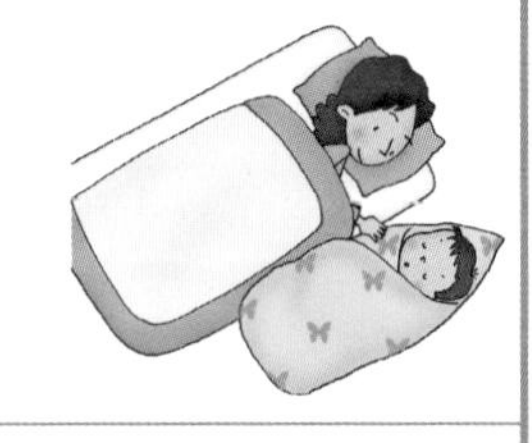

형성자 선비 언(产·彦)과 날 생(生).
선비가 될 아들을 낳다. 물건을 만들어 내는 것을 뜻한다.

- 産苦(산고) : 아이를 낳는 괴로움.
- 産物(산물) : 그 지방에서 생산되어 나오는 물건.
- 産業(산업) : 생산을 목적으로 하는 사업.

苦 쓸 **고** 物 물건 **물** 業 업 **업**

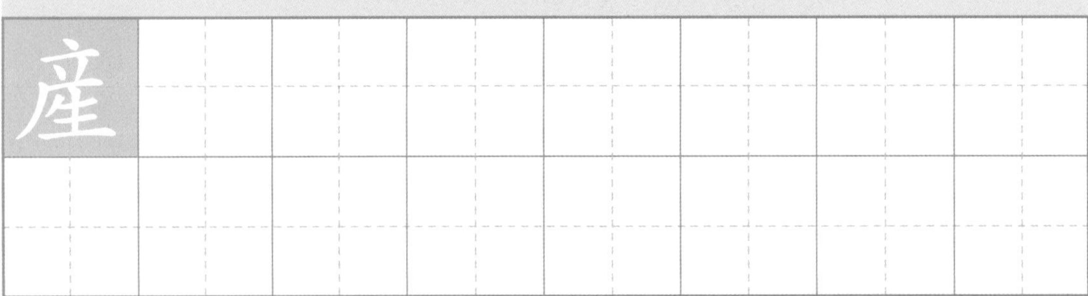

相

훈 서로 음 상

바탕, 따르다, 보다

目(눈 목)부, ④ 9획

회의자
나무 목(木)과 눈 목(目).
본래 나무를 잘 살피는 것을 뜻하였으나 가차하여 쓰인다.

- 相談(상담) : 서로 의논함. 상의.
- 相對(상대) : 서로 마주 대함. 서로 관계를 가짐.
- 相通(상통) : 서로 통함. 서로 길이 트임.

談 말씀 **담** 對 대할 **대** 通 통할 **통**

一 十 才 木 木 朩 机 相 相

훈 장사 음 상

장수, 헤아리다

口(입 구)부, ⑧ 11획

형성자
밝힐 장(立 · 章)과 빛날 경(冏).
은(殷)나라 지명으로 쓰다가 나라가 망하여
행상으로 업을 삼은 데서 유래함.

- 商街(상가) : 가게가 늘어선 거리.
- 商店(상점) : 상품을 파는 가게. 商鋪(상포).
- 商品(상품) : 팔고 사는 물건. 판매를 위해 유통되는 생산물.

街 거리 **가** 店 가게 **점** 鋪 펼/가게 **포** 品 물건 **품**

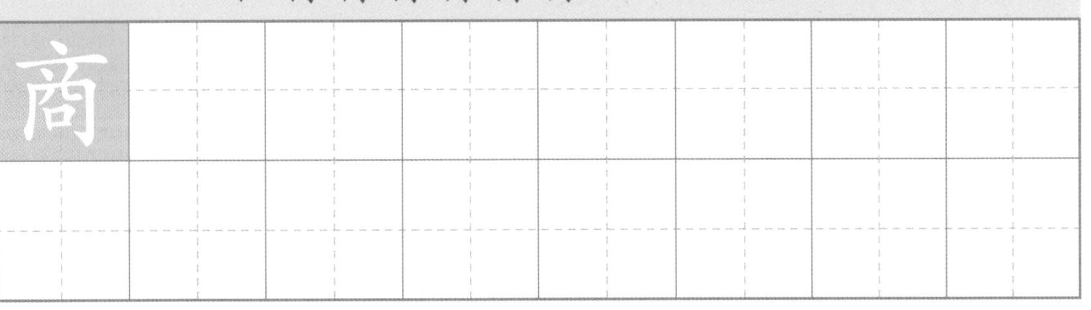

훈 상줄 음 상

칭찬하다, 기리다

貝(조개 패)부, ⑧ 15획

간 赏 반 罰 벌할 **벌**

형성자 상당할 상(尙)과 조개 패(貝).
공이 있거나 좋은 일을 한 사람에게 재물을
내려, '상 주다'를 뜻한다.

- 賞金(상금) : 상으로 주는 돈.
- 賞罰(상벌) : 잘한 것에 대하여 상을 주고 잘못한 것에 벌을 줌.
- 賞品(상품) : 상으로 주는 물품.

金 쇠 **금**, 성 **김** 罰 벌할 **벌** 品 물건 **품**

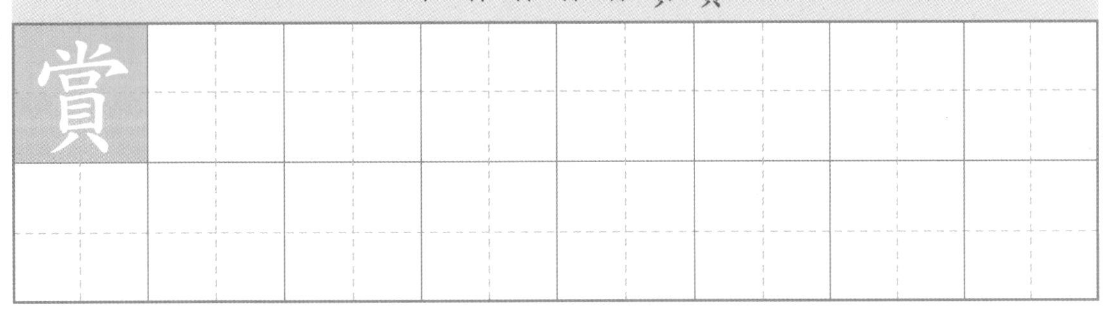

훈 차례 **음** 서

차례 매김, 실마리

广(엄호)부, ④ 7획

형성자

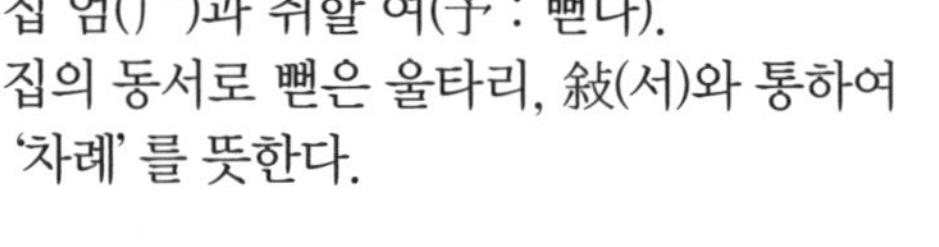

집 엄(广)과 취할 여(予 : 뻗다).
집의 동서로 뻗은 울타리, 敍(서)와 통하여
'차례' 를 뜻한다.

- 序曲(서곡) : 개막 전의 악곡. 일이 본격화할 전조의 비유.
- 序論(서론) : 본론에 앞서, 간략하게 논하는 글.
- 序列(서열) : 차례로 늘어놓음. 또는 그 차례.

曲 굽을 **곡** 論 논할 **론** 列 벌일 **렬**

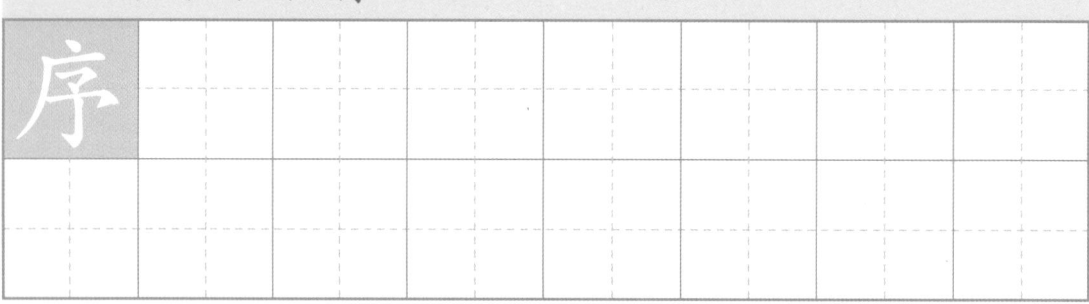

丶 亠 广 户 庐 序 序

序

훈 신선 **음** 선

선교, 도교의 별칭

亻(사람인변)부, ③ 5획

회의 · 형성자

사람 인(亻 · 人)과 메 산(山).
산에 사는 사람, '신선' 을 뜻한다.

- 仙境(선경) : 신선이 사는 곳. 속세를 떠난 듯한 아름다운 곳.
- 仙女(선녀) : 하늘나라에 산다고 하는 아름다운 여자.
- 仙道(선도) : 신선의 도. 신선을 배우고자 닦는 도.

境 지경 **경** 女 계집 **녀** 道 길 **도**

丿 亻 仆 仙 仙

仙

鮮

간 鮮

회의자 고기 어(魚)와 양 양(羊).
제사에 바쳐진 신성하게 여기는 물고기나 양을 들어 '곱다'를 뜻한다.

훈 고울 음 **선**

선명하다, 아름답다

魚(물고기 어)부, ⑥ 17획

- 鮮度(선도) : 고기나 채소 따위의 싱싱한 정도.
- 鮮明(선명) : 산뜻하고 분명함. 조촐하고 깨끗함.
- 鮮血(선혈) : 신선한 피. 선지피.

度 법도 **도**, 헤아릴 **탁** 明 밝을 **명** 血 피 **혈**

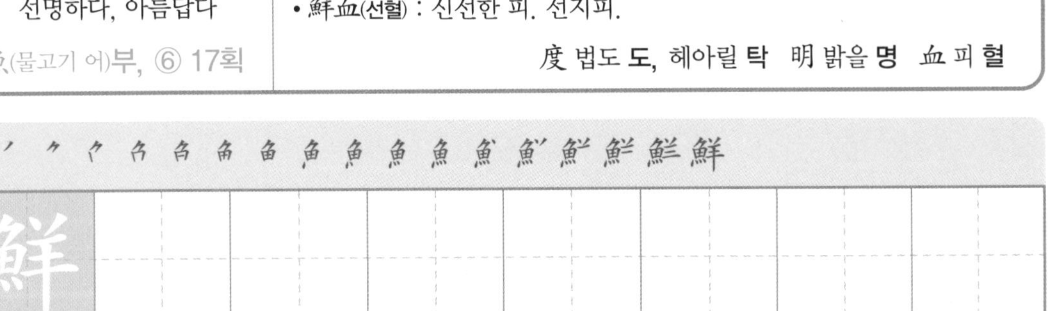

善

반 惡 악할 **악**

회의자 양 양(羊)과 말할 언(言).
양(羊)은 제물과 길상으로 아름답고 '착하다, 좋다'를 뜻한다.

훈 착할 음 **선**

좋다, 높다

口(입 구)부, ⑨ 12획

- 善良(선량) : 착하고 어짊. 또는 그런 사람.
- 善意(선의) : 착한 마음. 남을 위하는 마음.
- 善行(선행) : 착한 행실. 반 惡行(악행)

良 어질 **량** 意 뜻 **의** 行 다닐 **행**, 항렬 **항** 惡 악할 **악**, 미워할 **오**

善

船

훈 배 음 **선**

舟(배 주)부, ⑤ 11획

형성자
배 주(舟)와 산 속 늪 연(㕣).
짐을 싣고 늪이나 강을 건너 다니는 '배'를 뜻한다.

- 船舶(선박) : 배. 배의 총칭.
- 船員(선원) : 배에서 일하는 사람의 총칭.
- 船長(선장) : 선원의 우두머리로서 항해를 지휘하는 사람.

舶 큰배 **박** 員 인원 **원** 長 긴 **장**

′ 丿 ⺆ 冂 月 舟 舟 舡 舡 船 船

船

選

훈 가릴 음 **선**

뽑다, 보내다, 파견

辶(책받침)부, ⑫ 16획

간 选 동 別 다를 **별** 擇 가릴 **택**

형성자 쉬엄쉬엄 갈 착(辶·辵)과 겸손할 손(巽).
제사 지내러 갈 사람을 가려 뽑는 것을 뜻한다.

- 選擧(선거) : 많은 사람 중 적합한 사람을 뽑음.
- 選拔(선발) : 많은 것 속에서 골라서 추려 뽑음.
- 選手(선수) : 경기에 나가기 위해 여럿 중에서 뽑힌 사람.

擧 들 **거** 拔 뽑을 **발** 手 손 **수**

ㄱ ㄱ 巳 巳 巳 巳巳 巳巳 巳巳 巽 巽 巽 巽 巽 巽 選 選

選

[제2회] 한자능력검정시험 5급 예상 문제

문 항 수 : 100문항
합격문항 : 70문항
제한시간 : 50분

1. 다음 밑줄 친 漢字語의 讀音을 쓰세요.(1~35)

1 대한민국의 首都는 서울이다. [ ]

2 동해 바다의 獨島는 대한민국의 우리 땅. [ ]

3 가을 바람에 落葉이 우수수 떨어집니다. [ ]

4 올림픽에서 들려온 朗報에 국민이 환호합니다. [ ]

5 국가는 良民을 보호할 책임이 있습니다. [ ]

6 봄 나들이 旅行을 떠나고자 길을 나섰다. [ ]

7 훈민정음은 歷史에 길이 남을 훌륭한 업적이다. [ ]

8 선수들은 금메달을 향해 練習을 게을리하지 않았다. [ ]

9 옛 우리의 領土는 만주 벌판에도 있었다. [ ]

10 우리 병사들은 장군의 命令에 귀를 기울였다. [ ]

11 신성한 勞動의 대가는 값지다. [ ]

12 우리는 각자 지하철 料金을 지불하였다. [ ]

13 정약용은 流配地에서 「목민심서」를 지었다. [ ]

14 뒤늦게 발견된 末期 암환자의 고통. [ ]

15 望鄕의 동산에서 제사 지내는 이산 가족의 사연. [ ]

16 우리 독립군들은 만주로 亡命하여 목숨을 구했다. [ ]

17 우리는 한때 인생 無常을 논하였다. [ ]

18 法規를 위반한 악덕 업주를 경멸한다. [ ]

19 요즘은 하루가 다르게 變化하는 세상이 되었다. [ ]

20 모든 兵士들이 연병장에 집결하였다. [ ]

21 부모님을 奉養하고 웃어른을 섬기는 아들딸이 됩시다. [ ]

22 코를 형성하는 뼈를 鼻骨이라 한다. [ ]

23 어머니는 費用을 줄여 가며 장을 봐 오셨다. [ ]

24 여름철에 먹는 시원한 氷水의 맛. [ ]

25 우리 군대의 士氣는 하늘을 날 듯하였다. [ ]

26 사마천의 史記는 중국 최고의 역사책이다. [ ]

27 건전한 思想이 건강한 사회를 만듭니다. [ ]

28 나는 학생증에 붙일 寫眞을 찍었다. [ ]

29 탈세자에게는 엄격한 査察을 벌여야 한다. [ ]

30 학교 진학을 위해 선생님과 相談하기로 했다. [ ]

31 즐비하게 늘어선 商品에 우리는 눈이 휘둥그레졌다. [ ]

32 책은 序論부터 읽어야 한다. [ ]

33 빛깔이 鮮明하게 나타나는 고려 청자의 자태. [ ]

34 이번 選擧는 공명하게 치러져야 한다. [ ]

35 경기에서는 善意의 경쟁을 벌여야 한다. [ ]

2. 다음 漢字의 訓과 音을 쓰세요.(36~58)

例 字 → 글자 자

36 獨 [ ] 37 冷 [ ] 38 量 [ ]

39 類 [ ] 40 陸 [ ] 41 馬 [ ]

42 買 [ ] 43 倍 [ ] 44 鼻 [ ]

45 仕 [ ]	46 産 [ ]	47 賞 [ ]
48 仙 [ ]	49 船 [ ]	50 鮮 [ ]
51 都 [ ]	52 旅 [ ]	53 領 [ ]
54 料 [ ]	55 望 [ ]	56 賣 [ ]
57 變 [ ]	58 奉 [ ]	

3. 다음 밑줄 친 漢字語를 漢字로 쓰세요.(59~73)

59 3 · 1운동은 대한민국의 독립을 만천하에 알렸다. [ ]

60 정의의 양심 선언으로 죄의 사슬에서 풀어졌다. [ ]

61 우리의 역량으로 월드컵의 4강 신화를 이루었다. [ ]

62 노사 갈등을 없앤 사업장에 우리는 박수를 보낸다. [ ]

63 우리의 산하를 지키는 육군의 늠름한 모습. [ ]

64 우리 선조들은 일찍이 망국의 설움을 겪어야 했다. [ ]

65 새롭게 선보인 농산물의 매매가 성황을 이루었다. [ ]

66 이번 국회에서 법안의 심사가 이루어졌다. [ ]

67 천재지변으로 물가의 변동이 심각해졌다. [ ]

68 희생적인 봉사 정신으로 이재민을 구했다. [ ]

69 옛날에도 얼음을 넣어두는 빙고가 있었다. [ ]

70 긍정적인 사고가 성공의 지름길이다. [ ]

71 우리는 선생님을 따라 교외에서 사생 시간을 가졌다. [ ]

72 우리의 철강 산업이 세계에서 주목받고 있다. [ ]

73 선원들이 선장의 지시에 따라 질서를 지켰다. [ ]

4. 다음 訓과 音에 맞는 漢字를 쓰세요.(74~78)

74 떨어질 락[ ] 75 헤아릴 량[ ] 76 서로 상[ ]

77 가릴 선 [ ] 78 장사 상 [ ]

5. 다음 漢字와 뜻이 反對 또는 相對 되는 한자를 쓰세요.(79~81)

79 善↔[ ] 80 氷↔[ ] 81 無↔[ ]

6. 다음 ( ) 안에 들어갈 가장 잘 어울리는 漢字語를 〈例〉에서 찾아 그 번호를 써서 漢字語를 만드세요.(82~85)

例				
	① 之用	② 賣官	③ 買官	④ 之物
	⑤ 買占	⑥ 賣占	⑦ 東風	⑧ 海風

82 馬耳( ) 83 ( )賣識

84 無用( ) 85 ( )賣惜

7. 다음 漢字와 뜻이 같거나 뜻이 비슷한 漢字를 〈例〉에서 찾아 그 번호를 쓰세요.(86~88)

例	① 善	② 寒	③ 化	④ 式	⑤ 動	⑥ 希

86 冷[ ] 87 良[ ] 88 法[ ]

8. 다음 글에서 밑줄 친 뜻에 맞는 漢字語를 찾아 그 번호를 쓰세요.(89~91)

89 축구 경기에 나갈 선수를 결정하였다. [ ]

① 選擧 ② 善手 ③ 選手 ④ 選首

90 영수는 퀴즈왕에 뽑혀 많은 상금을 받아왔다. [ ]

① 上金 ② 賞品 ③ 相金 ④ 賞金

91 오늘의 점심 요리는 일품이었다. [ ]

① 要理 ② 料理 ③ 料利 ④ 料里

9. 다음 뜻풀이에 맞는 漢字語를 〈例〉에서 찾아 그 번호를 쓰세요.(92~94)

例			
	① 道市	② 流血	③ 始末
	④ 始未	⑤ 都市	⑥ 無血

92 사람이 많이 살고 여러 시설이 모여 있는 곳. [ ]

93 처음과 끝. 일의 전말. [ ]

94 피를 흘림. 흘러 나오는 피. [ ]

10. 다음 漢字의 略字(약자 : 획수를 줄인 漢字)를 쓰세요.(95~97)

例	醫 → 医

95 獨 [ ] 96 勞 [ ] 97 賣 [ ]

11. 다음 漢字의 진하게 표시한 획은 몇 번째 쓰는지 〈例〉에서 찾아 그 번호를 쓰세요.(98~100)

例				
	① 첫 번째	② 두 번째	③ 세 번째	④ 네 번째
	⑤ 다섯 번째	⑥ 여섯 번째	⑦ 일곱 번째	⑧ 여덟 번째

98 料 [ ] 99 無 [ ] 100 氷 [ ]

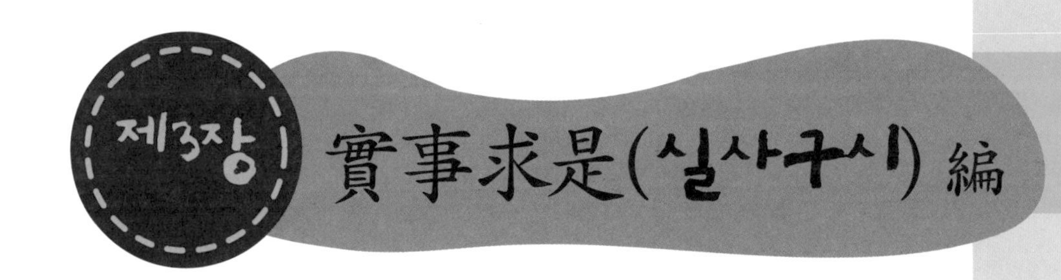

說 性 歲 洗 束 首 宿 順 示 識

臣 實 兒 惡 案 約 養 魚 漁 億

熱 葉 屋 完 要 曜 浴 雨 友 牛

雲 雄 元 願 原 院 偉 位 以 耳

因 任 財 材 災 再 爭 貯 的 赤

說

훈 말씀 음 설
훈 달랠 음 세

기쁘다, 즐기다

言(말씀 언)부, ⑦ 14획

간 说 동 辭 말씀 사

형성자 말씀 언(言)과 바꿀 태(兌 : 풀리다).
이해할 수 있도록 풀리는 말, '말씀'을 뜻한다.

- 說明(설명) : 풀이하여 밝힘. 또는 그 말.
- 遊說(유세) : 자기 의견을 설명하는 일.
- 悅樂(열락) : 기쁘고 즐거움. 또는 그렇게 함.

明 밝을 **명** 遊 놀 **유** 樂 즐길 **락**, 노래 **악**, 좋아할 **요**

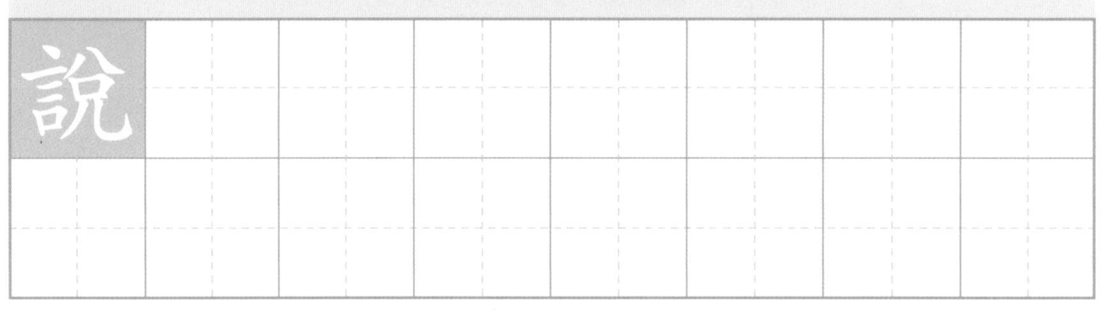

性

훈 성품 음 성

천성, 성질, 생명

忄(심방변)부, ⑤ 8획

형성자
마음 심(忄·心)과 날 생(生).
본디 타고난 마음, '성품, 본질'을 뜻한다.

- 性格(성격) : 각 사람이 가진 특유한 성질.
- 性質(성질) : 타고난 기질. 그것만이 가지는 바탕이나 특징.
- 性品(성품) : 성질과 품격. 성질과 됨됨이.

格 격식 **격** 質 바탕 **질** 品 물건 **품**

性							

훈 해 음 **세**

새해, 나이, 세월

止(그칠 지)부, ⑨ 13획

간 岁 동 年 해 **년**

형성자 개 술(戌)과 걸음 보(步).
일년의 끝에서 다음의 해로 넘어가는 것을 뜻한다.

- 歲拜(세배) : 섣달 그믐이나 정초에 웃어른께 드리는 인사.
- 歲入(세입) : 한 회계 연도 동안의 총수입.
- 年歲(연세) : 윗사람을 높여 그의 '나이'를 일컫는 말.

拜 절 **배** 入 들 **입** 年 해 **년**

丨 ⺊ ⺊ 㞢 产 产 产 岸 岸 岸 岸 歲 歲

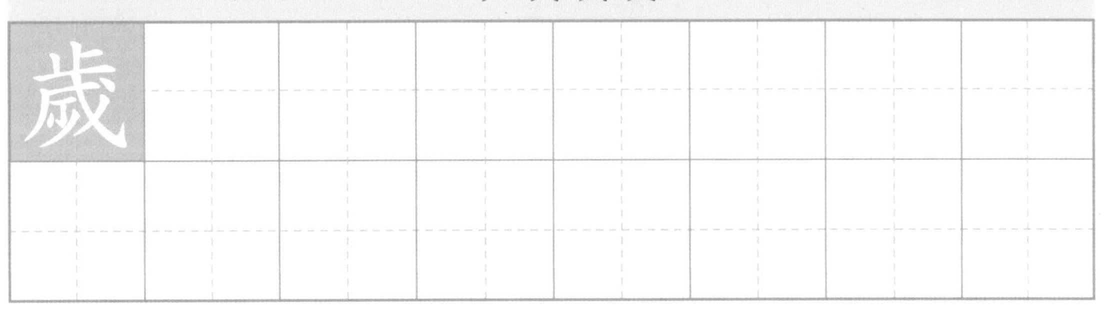

洗

훈 씻을 음 **세**

세면기, 깨끗하다

氵(삼수변)부, ⑥ 9획

동 滌 씻을 **척** 濯 씻을 **탁**

형성·회의자 물 수(氵·水)와 먼저 선(先 : 발을 씻다). 금문(金文)에서, 대야에 발을 씻는 모양을 나타낸다.

- 洗練(세련) : 어색하거나 서투른 데가 없게 함.
- 洗面(세면) : 얼굴을 씻음.
- 洗濯(세탁) : 옷의 때를 빨아 없앰.

練 익힐 **련** 面 낯 **면** 濯 씻을 **탁**

丶 冫 氵 氵 氵 汁 泩 泩 洗

洗

훈 묶을 음 속

매다, 다발, 약속

木(나무 목)부, ③ 7획

상형자
땔나무 둥치 묶은 것을 본떠, '묶다, 매다' 를 뜻한다.

- 束縛(속박) : 자유롭지 못하게 얽어 매거나 제한함.
- 束手無策(속수무책) : '손이 묶인 듯이' 어찌할 도리가 없어 꼼짝못함.
- 約束(약속) : 장래에 관해 서로 언약하여 정함.

縛 얽을 박 手 손 수 無 없을 무 策 꾀 책 約 맺을 약

一 ㄏ 丙 㔾 申 束 束

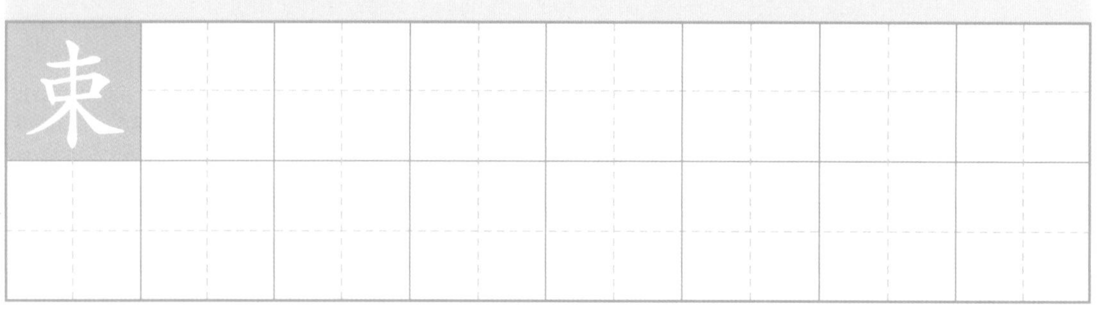

훈 머리 음 수

첫머리, 우두머리

首(머리 수)부, ⓪ 9획

반 尾 꼬리 미 동 頭 머리 두

상형자 머리카락이 두 개(丷)가 났고, 이마(一)와 코(自)를 본뜬 모양에서 '머리' 를 뜻한다.

- 首肯(수긍) : 그러하다고 머리를 끄덕임. 옳다고 인정함.
- 首都(수도) : 한 나라의 중앙 정부가 있는 도시. 서울.
- 首席(수석) : 시험에서 가장 좋은 성적을 얻은 사람.

肯 즐길 긍 都 도읍 도 席 자리 석

丶 丷 䒑 屰 𦣻 首 首 首 首

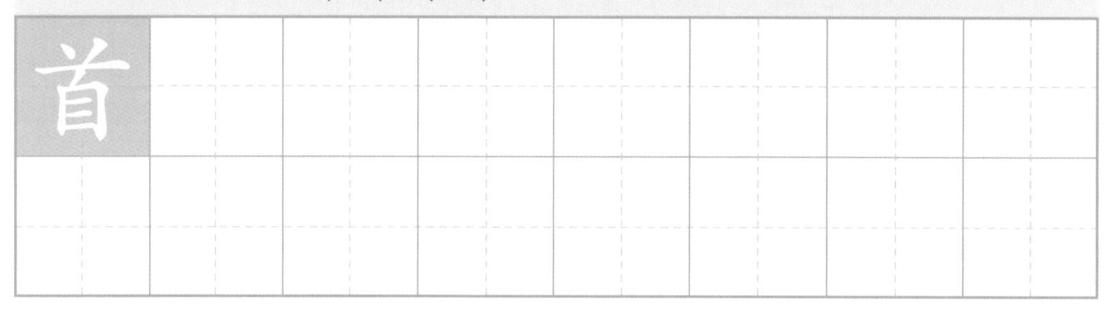

宿

훈 잘 음 숙
훈 별자리 음 수

묵다

宀(갓머리)부, ⑧ 11획

동 泊 배댈/머무를 박

형성자 움집 면(宀)과 백 사람(佰).
많은 사람이 머물렀다 가는 집으로, '자다, 묵다'를 뜻한다.

- 宿命(숙명) : 타고난 운명. 인연에 의한 운명.
- 宿所(숙소) : 머물러 묵는 곳.
- 星宿(성수) : 모든 성좌의 별들.

命 목숨 명 所 바 소 星 별 성

順

훈 순할 음 순

온순하다, 좇다, 차례

頁(머리 혈)부, ③ 12획

간 顺 반 逆 거스를 역

형성자 내 천(川)과 머리 혈(頁).
물 흐르듯 얼굴빛이 '순하다'. 또는 순리에 따르는 '차례'를 뜻한다.

- 順理(순리) : 자연스러운 도리나 이치.
- 順序(순서) : 정하여져 있는 차례.
- 順調(순조) : 어떤 일이 아무 탈없이 예정대로 됨.

理 다스릴 리 序 차례 서 調 고를 조

丿 川 川 川 川 川 順 順 順 順 順 順

順

훈 보일 음 시

가르치다, 알리다

示(보일 시)부, ⓪ 5획

상형자

제물을 차려 놓은 제상(祭床)의 모양을 본뜬 글자. 제상을 신에게 보이는 것을 뜻한다.

- 示範(시범) : 정식으로 하기 전에 그 일의 본보기로 보임.
- 示唆(시사) : 미리 암시하여 알려 줌.
- 示威(시위) : 위력이나 기세를 드러내어 보임.

範 법 **범** 唆 부추길 **사** 威 위엄 **위**

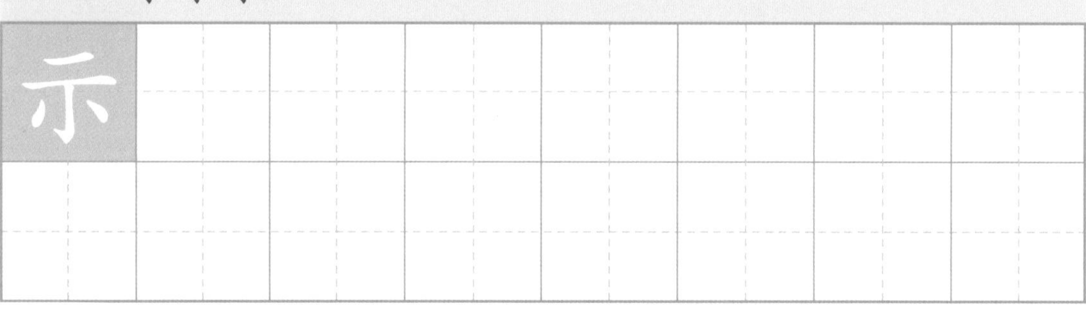

識

훈 알 음 **식**
훈 기록할 음 **지**

지식, 표지

言(말씀 언)부, ⑫ 19획

간 识 동 認 알 **인** 知 알 **지**

형성자 말씀 언(言) 찰진 흙 시(戠).
말을 내어 사물을 구별하는 것으로 '알다'를 뜻한다.

- 識見(식견) : 사물을 식별하고 관찰하는 능력.
- 識別(식별) : 분별하여 잘 앎. 알아서 구별함.
- 標識(표지) : 어떤 사물을 표하기 위한 기록.

見 볼 **견** 別 다를/나눌 **별** 標 표할 **표**

識

臣

훈 신하 음 **신**

섬기다, 백성, 종

臣(신하 신)부, ⓪ 6획

반 君 임금 **군**

상형자 임금 앞에서 엎드려 공손히 있는 사람의 모양을 본뜬 글자. 또는 고개 숙인 신하의 눈동자를 나타낸다.

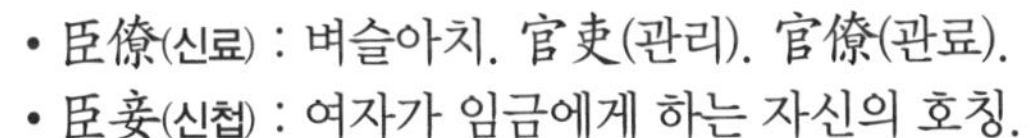

- 臣僚(신료) : 벼슬아치. 官吏(관리). 官僚(관료).
- 臣妾(신첩) : 여자가 임금에게 하는 자신의 호칭.
- 臣下(신하) : 임금을 섬기어 벼슬하는 사람. 臣子(신자).

僚 동료 **료** 官 벼슬 **관** 吏 벼슬아치/관리 **리** 妾 첩 **첩**

훈 열매 음 **실**

결실하다, 실하다

宀(갓머리)부, ⑪ 14획

간 实 약 実 반 虛 빌 **허**

회의자 움집 면(宀)과 꿸 관(貫).
집안에 재화가 널리 미치는 것으로, '열매'를 뜻한다.

- 實感(실감) : 실제로 체험하는 듯한 느낌.
- 實務(실무) : 실지로 다루는 사무. 실제 업무.
- 實事求是(실사구시) : 사실을 기초로 진리나 진상을 탐구함.

感 느낄 **감** 務 힘쓸 **무** 事 일 **사** 求 구할 **구** 是 이/옳을 **시**

훈 아이 음 아

아들, 연약하다

儿(어진사람인발)부, ⑥ 8획

간 儿 약 価

상형자 갓난아기 머리의 정수리(臼)와 사람(儿). 머리만 크게 보이는 어린아이의 모양.

- 兒女子(아녀자) : 어린아이와 여자. '여자'를 낮추어 이르는 말.
- 兒童(아동) : 어린아이. 어린이.
- 健兒(건아) : 건장한 남자. 씩씩한 사나이.

女 계집 녀 子 아들 자 童 아이 동 健 굳셀 건

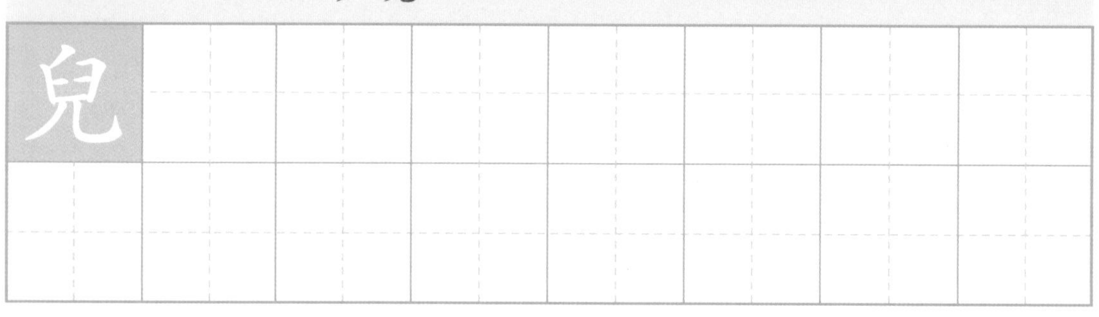

惡

훈 악할 음 악
훈 미워할 음 오

나쁘다

心(마음 심)부, ⑧ 12획

간 恶 약 価 반 善 착할 선 愛 사랑 애

형성자 추할 아(亞 : 묘실)와 마음 심(心). 묘실(무덤)에 임했을 때의 마음, 흉하고 나쁜 것을 뜻한다.

- 惡談(악담) : 남의 일을 나쁘게 말하는 일.
- 惡意(악의) : 나쁜 생각. 나쁜 마음씨.
- 憎惡(증오) : 몹시 미워함.

談 말씀 담 意 뜻 의 憎 미울 증

一 丅 丌 丏 亞 亞 亞 亞 亞 惡 惡 惡

惡

案

형성자

편안 안(安)과 나무 목(木).
책을 보기 편안한 나무, '책상' 을 뜻한다.

훈 책상 음 안

방석, 소반, 생각하다

木(나무 목)부, ⑥ 10획

- 案件(안건) : 문제가 되어 서로 의논해야 할 사항.
- 案內(안내) : 어떤 장소나 행사에 대하여 남에게 알려 주는 일.
- 案出(안출) : 연구하여 냄. 생각해 냄.

件 물건 **건** 內 안 **내** 出 날 **출**

丶 丷 宀 宄 安 安 宎 宰 案 案

約

간 约 동 契 맺을 **계**

형성자 실 사(糸)와 작을 작(勺).
실로 작은 매듭을 맺는 것으로, '약속' 을 뜻한다.

훈 맺을 음 약

묶다, 약속하다, 계약

糸(실 사)부, ③ 9획

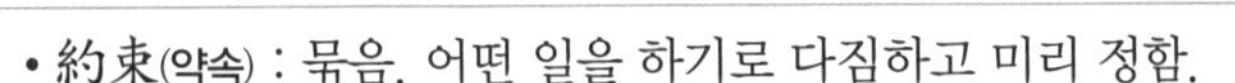

- 約束(약속) : 묶음. 어떤 일을 하기로 다짐하고 미리 정함.
- 約定(약정) : 어떤 일을 약속하여 정함.
- 約婚(약혼) : 결혼하기로 서로 약속함. 또는 그 약속.

束 묶을 **속** 定 정할 **정** 婚 혼인할 **혼**

𠃋 幺 幺 糸 糸 糸 糹 約 約

約

養

훈 기를 음 양

성장시키다, 사육하다

食(밥 식)부, ⑥ 15획

간 养 동 育 기를 육

형성자 양 양(羊)과 밥 식(食).
양에게 먹이를 먹여 키우는 것으로, '기르다, 사육하다'를 뜻한다.

- 養老(양로) : 노인을 돌보아 편안히 지내게 함.
- 養成(양성) : 능력을 길러 냄. 양육함.
- 養育(양육) : 잘 자라도록 기름.

老 늙을 로 成 이룰 성 育 기를 육

丶 丷 䒑 䒑 ⺷ 羊 主 关 美 美 养 养 养 養 養

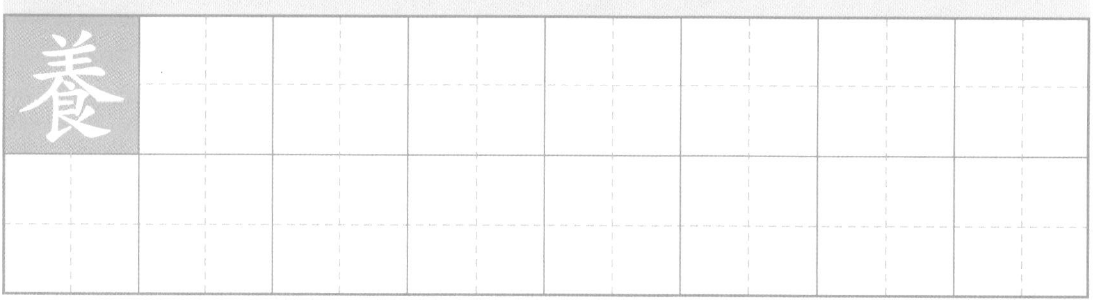

훈 고기/물고기 음 어

고기잡이하다

魚(물고기 어)부, ⓪ 11획

간 鱼

상형자 물고기의 머리와 배 · 꼬리의 모양을 본떠, '물고기'를 뜻한다.

- 魚卵(어란) : 소금을 쳐서 말린 생선의 알.
- 魚油(어유) : 물고기에서 짜낸 기름.
- 魚肉(어육) : 생선과 짐승의 고기. 생선의 고기.

卵 알 란 油 기름 유 肉 고기 육

丿 ⺈ ⺈ 各 㑒 角 角 魚 魚 魚 魚

魚

훈 고기 잡을 음 어

고기잡이, 어부

氵(삼수변)부, ⑪ 14획

간 渔

형성자 물 수(氵·水)와 물고기 어(魚).
물 속에 사는 물고기를 잡는 것을 뜻한다.

- 漁父之利(어부지리) : 두 사람이 서로 다투는 사이에 제삼자가 뜻밖의 이익을 얻음.
- 漁業(어업) : 물고기나 조개 따위를 잡거나 양식을 하는 사업.
- 漁場(어장) : 고기잡이를 하는 곳.

父 아비 **부** 之 갈 **지** 利 이할 **리** 業 업 **업** 場 마당 **장**

훈 억 음 억

많은 수, 수의 단위

亻(사람인변)부, ⑬ 15획

간 亿

형성자 사람 인(亻·人)과 생각할 의(意).
사람이 생각할 수 있는 아주 많은 수, '억'을 뜻한다.

- 億萬長者(억만장자) : 재산을 헤아리기 어려울 정도로 많이 가진 부자.
- 億兆蒼生(억조창생) : 수많은 백성.
- 億測(억측) : 미루어 헤아림.

萬 일만 **만** 者 놈 **자** 兆 억조 **조** 蒼 푸를 **창** 測 헤아릴 **측**

훈 더울 음 **열**

더위, 뜨겁다

灬(연화발)부, ⑪ 15획

간 热 반 冷찰 랭 寒찰 한

형성자 형세 세(埶 · 勢의 획 줄임)와 불 화(灬, 火). 불길이 세차서 덥고 뜨거운 것을 뜻한다.

- 熱氣(열기) : 뜨거운 기운. 높은 체온.
- 熱心(열심) : 어떤 일에 정신을 집중하는 일. 熱中(열중).
- 加熱(가열) : 열을 가함.

氣 기운 **기** 心 마음 **심** 中 가운데 **중** 加 더할 **가**

一 十 土 圭 圥 坴 坴 坴 埶 埶 埶 熱 熱 熱 熱

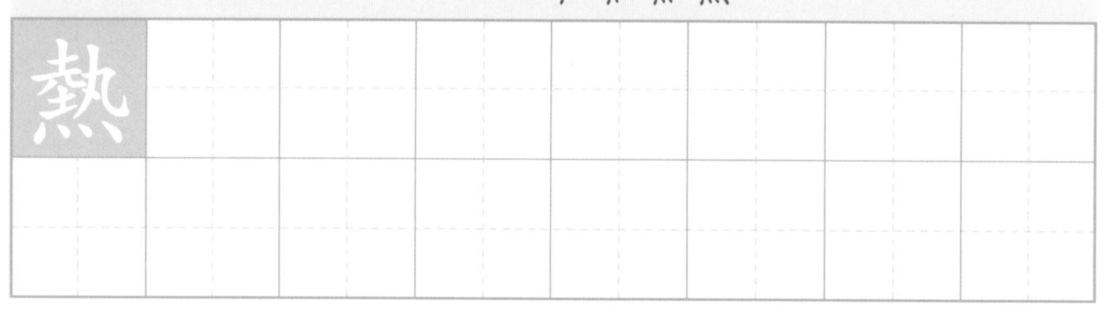

葉

훈 잎 음 **엽**

뽕, 대, 후손, 성새

艹(초두머리)부, ⑨ 13획

간 叶

형성자 풀 초(艹 · 艸)와 나무 엽(枼 : 나뭇잎). 초목에 달려 있는 나뭇잎. 또는 새잎이 돋아 지는 것을 뜻한다.

- 葉書(엽서) : 우편엽서. 나뭇잎에 쓴 편지.
- 葉錢(엽전) : 놋으로 만든 옛날 돈.
- 一葉片舟(일엽편주) : 하나의 작은 조각배.

書 글 **서** 錢 돈 **전** 片 조각 **편** 舟 배 **주**

一 十 艹 艹 艹 芒 芒 苹 華 葉 葉 葉 葉

葉

屋

훈 집 음 옥

지붕, 덮개

尸(주검시엄)부, ⑥ 9획

동 家집가 堂집당 舍집사 宅집택

회의자 주검 시(尸)와 이를 지(至).
사람이 이르러 머무는 '집'의 뜻을 나타낸다.

- 屋上家屋(옥상가옥) : '지붕 위에 지붕을 얹는다'는 뜻으로, 무슨 일을 부질없이 거듭함의 비유.
- 屋塔(옥탑) : 건물의 옥상에 세운 작은 건물.

上 윗상 家 집가 塔 탑탑

㇆ ㇇ 尸 尸 𡰣 层 层 屖 屋

完

훈 완전할 음 완

완전하게 하다

宀(갓머리)부, ④ 7획

형성자
움집 면(宀)과 으뜸 원(元 : 담장).
담으로 둘러싸여 튼튼히 지켜지는 모양,
'완전하다'를 뜻한다.

- 完結(완결) : 완전히 끝을 맺음.
- 完成(완성) : 완전히 다 이룸.
- 完全(완전) : 부족함이 없음.

結 맺을결 成 이룰성 全 온전전

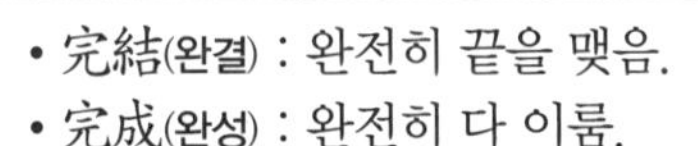

丶 丶 宀 宀 宀 宇 完

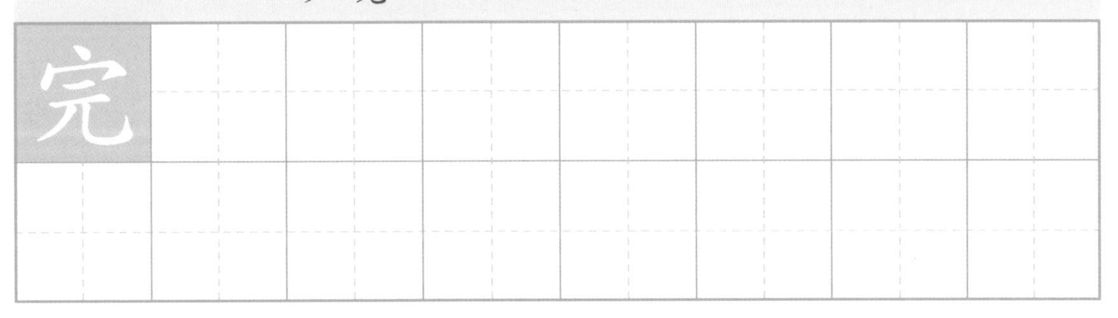

要

훈 요긴할 음 **요**

종요롭다, 구하다

襾(덮을 아)부, ③ 9획

간 要

상형자 여자가 두 손을 허리에 대고 있는 모양을 본떠, '허리'를 뜻하다가 가차하여 쓰인다.

- 要求(요구) : 강력히 청하여 구함.
- 要素(요소) : 반드시 있어야 할 중요한 물질이나 조건.
- 要約(요약) : 말이나 문장의 중요한 것만을 뽑아 간추림.

求 구할 **구** 素 본디/흴 **소** 約 맺을 **약**

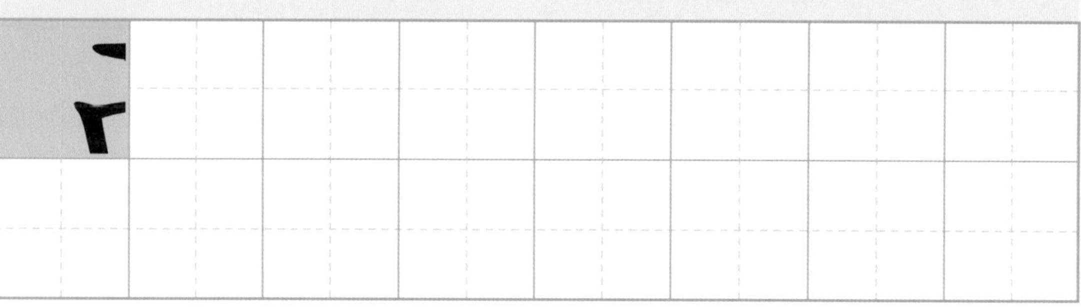

曜

훈 빛날 음 **요**

비치다, 햇빛, 요일

日(날 일)부, ⑭ 18획

형성자
날 일(日)과 날개 우(羽), 새 추(翟).
꿩(翟 : 적)의 날개처럼 화려하게 빛나는 것을 뜻한다.

- 曜曜(요요) : 화려하게 빛나는 모양.
- 曜日(요일) : 한 주일의 각 날을 이르는 말.
- 照曜(조요) : 밝게 비치어 빛남.

日 날 **일** 照 비칠 **조**

曜

훈 목욕할 음 욕

목욕, 멱감다

氵(삼수변)부, ⑦ 10획

형성자

물 수(氵·水)와 골짜기 곡(谷 : 대야).
깨끗한 물이 흐르는 골짜기에서 몸을 씻는 것으로, '목욕하다'를 뜻한다.

- 浴室(욕실) : 목욕하는 설비가 되어 있는 방.
- 浴湯(욕탕) : 목욕물이 들어 있는 큰 구덩이(탕).
- 沐浴(목욕) : 몸을 씻는 일. 더러운 몸을 물로 깨끗이 함.

室 집 **실** 湯 끓을 **탕** 沐 머리감을 **목**

丶 丶 氵 氵 氵 氵 泬 浴 浴 浴

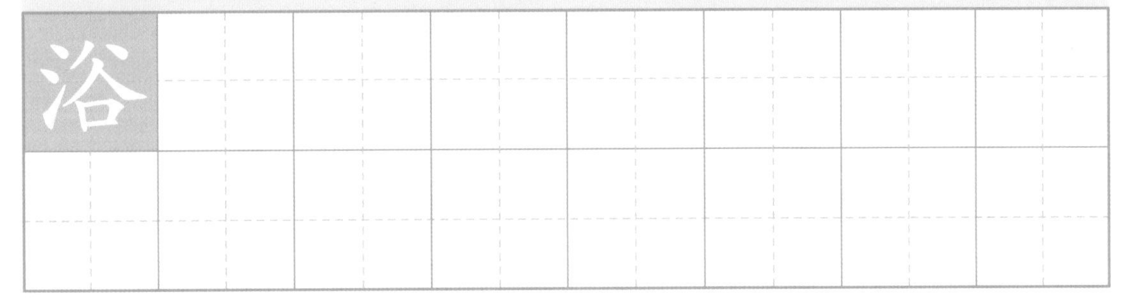

훈 비 음 우

비가 오다, 떨어지다

雨(비 우)부, ⓪ 8획

상형자

하늘(一)의 구름(冂)에서 빗방울(㣺)이 떨어지는 모양을 본떠, '비'를 뜻한다.

- 雨期(우기) : 일년 중 비가 가장 많이 오는 때.
- 雨後竹筍(우후죽순) : '비 온 뒤에 솟는 대나무 순처럼' 여기저기에서 동시에 많이 발생함의 비유.

期 기약할 **기** 後 뒤 **후** 竹 대 **죽** 筍 풀이름 **순**

一 丆 丂 币 币 雨 雨 雨

雨

友

훈 벗 음 우

동무, 벗하다, 우애

又(또 우)부, ② 4획

회의자

왼손 좌(𠂇)와 또 우(又 : 오른 손).
손을 서로 맞잡은 데서 서로 친하고 돕는,
'벗' 을 뜻한다.

- 友邦(우방) : 서로 친밀한 관계를 맺은 나라.
- 友愛(우애) : 형제간의 사랑. 벗 사이의 정이 두터움.
- 友情(우정) : 친구 사이의 정. 友誼(우의).

邦 나라 **방** 愛 사랑 **애** 情 뜻 **정** 誼 정 **의**

一 ナ 方 友

牛

훈 소 음 우

무릎쓰다, 희생, 별 이름

牛(소 우)부, ⓪ 4획

상형자

정면에서 바라본 소의 머리 부분을 본뜬 글자.
뿔 모양의 특징을 살려 상징적으로 표현하였다.

- 牛步(우보) : 소의 걸음. 느린 걸음. 일의 진척이 느림.
- 牛乳(우유) : 암소의 젖. 젖소에서 짜내어 가공한 젖.
- 牛耳讀經(우이독경) : '쇠귀에 경 읽기' 라는 뜻으로, 아무리 일러도 알아듣지 못함.

步 걸음 **보** 乳 젖 **유** 耳 귀 **이** 讀 읽을 **독**, 구절 **두** 經 지날/글 **경**

丿 𠂉 𠂒 牛

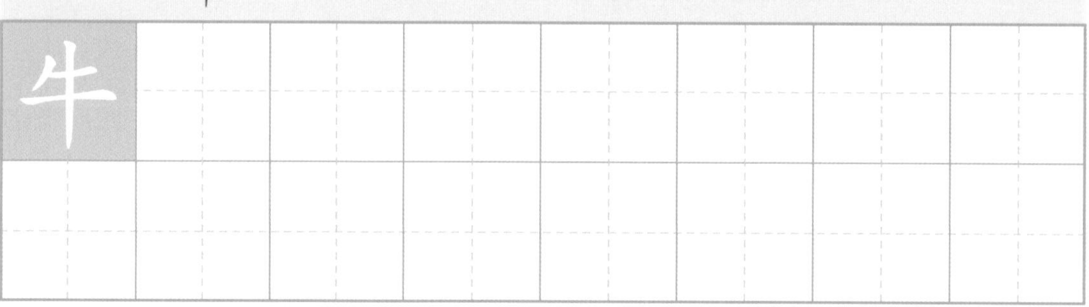

雲

훈 구름 음 운

습기, 높다, 많다

雨(비 우)부, ④ 12획

간 云

형성자 비 우(雨)와 이를 운(云 · 雲).
云은 구름이 회전하는 모양, 雨는 비를 내리게 하는 '구름'을 뜻한다.

- 雲霧(운무) : 구름과 안개.
- 雲集(운집) : 사람들이 구름같이 많이 모여듦.
- 雲泥之差(운니지차) : 구름과 진흙의 차이로, 차이가 매우 심함.

霧 안개 **무** 集 모을 **집** 泥 진흙 **니** 之 갈 **지** 差 다를 **차**

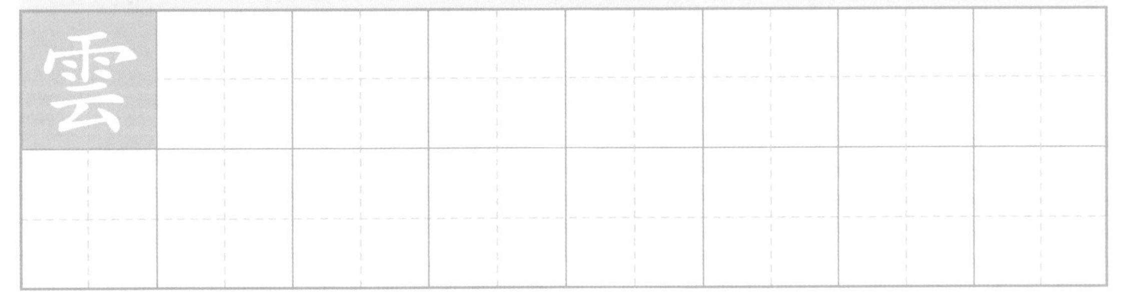

雄

훈 수컷 음 웅

이기다, 웅장하다

隹(새 추)부, ④ 12획

반 雌 암컷 **자**

형성자 팔꿈치 굉(厷 : 넓다)과 새 추(隹).
날개가 넓은 수새, '수컷'을 뜻한다.

- 雄大(웅대) : 웅장하고 규모가 큼.
- 雄辯(웅변) : 화술이 뛰어나 설득력 있는 말솜씨.
- 雄壯(웅장) : 규모가 크고 으리으리함.

大 큰 **대** 辯 말씀 **변** 壯 장할 **장**

雄

훈 으뜸 음 **원**

우두머리, 처음, 시초

儿(어진사람인발)부, ② 4획

상형자

윗 상(二 · 上)과 어진사람 인(儿).
갓을 쓴 사람의 상형으로, '으뜸, 우두머리'의 뜻을 나타낸다.

- 元氣(원기) : 몸과 마음의 기운. 만물의 근본이 되는 기운.
- 元來(원래) : 본디. 처음. 처음 시작할 때의 것.
- 元老(원로) : 오래 종사하여 공로가 많은 사람. 공이 많은 늙은 신하.

氣 기운 **기** 來 올 **래** 老 늙을 **로**

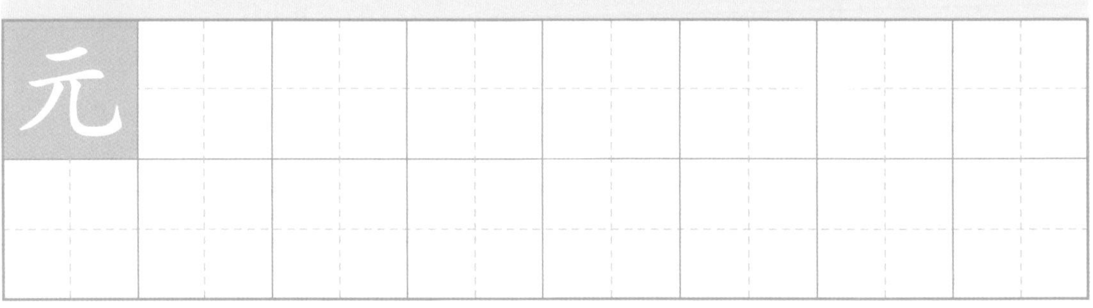

훈 원할 음 **원**

바라다, 소원

頁(머리혈)부, ⑩ 19획

간 愿 동 希 바랄 **희**

형성자 근원 원(原)과 머리 혈(頁).
머리는 생각하는 근원이며, 생각이 잘되기를 원한다는 뜻을 나타낸다.

- 願望(원망) : 원하고 바람. 의식적인 욕망.
- 願書(원서) : 지원하거나 청원하는 뜻을 적은 서류.
- 所願(소원) : 무슨 일이 이루어지기를 바람.

望 바랄 **망** 書 글 **서** 所 바 **소**

一 厂 𠂆 𠂋 戶 后 盾 原 原 原 原 原 原 願 願 願 願 願 願

願

훈 언덕 음 **원**

근원, 근본, 본디

厂(민엄호)부, ⑧ 10획

동 本 근본 **본**

회의자 언덕 엄(厂)과 샘 천(泉).
벼랑 밑에서 솟는 샘의 뜻에서, '근원' 의 뜻을 나타낸다.

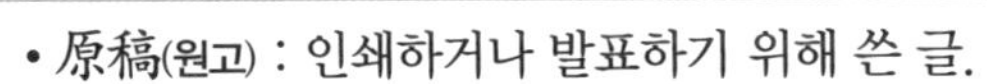

- 原稿(원고) : 인쇄하거나 발표하기 위해 쓴 글.
- 原理(원리) : 사물의 근본이 되는 이치.
- 原始(원시) : 처음 시초. 진화나 발전하지 않음.

稿 원고/볏짚 **고** 理 다스릴 **리** 始 비로소 **시**

一 厂 厂 戶 戶 戶 盾 原 原 原

훈 집 음 **원**

담, 내전, 뜰, 관청

阝(좌부방)부, ⑦ 10획

형성자
언덕 부(阝·阜)와 튼튼할 완(完 : 토담).
튼튼한 담장으로 둘러싸인 '집' 을 뜻한다.

- 院內(원내) : '원(院)' 자가 붙은 각종 기관의 내부. 반 院外(원외)
- 院生(원생) : '원(院)' 에 수용되거나 소속되어 있는 사람.
- 病院(병원) : 병자나 부상자를 진찰하고 치료하는 곳.

內 안 **내** 外 바깥 **외** 生 날 **생** 病 병 **병**

⺁ 阝 阝 阝' 阝' 阝宀 阝宀 阹 院 院

偉

훈 클 음 위

위대하다, 훌륭하다, 거룩하다

亻(사람인변)부, ⑨ 11획

간 伟

형성자 사람 인(亻 · 人)과 어길 위(韋).
韋는 보통 사람보다 뛰어난 사람, '위대하다'를 뜻한다.

- 偉大(위대) : 업적이 크게 뛰어나고 훌륭함.
- 偉容(위용) : 훌륭하고 뛰어난 모습.
- 偉人(위인) : 역사적으로 훌륭한 업적을 이룬 사람.

大 큰 **대** 容 얼굴 **용** 人 사람 **인**

丿 亻 亻' 亻' 亻' 亻' 亻' 亻' 亻' 亻' 偉

位

훈 자리 음 위

위치, 방위, 벼슬

亻(사람인변)부, ⑤ 7획

회의자
사람 인(亻 · 人)과 설 립(立).
사람이 어떤 위치에 서 있는 것으로, '자리'를 뜻한다.

- 位階(위계) : 벼슬의 품계. 지위의 등급.
- 位置(위치) : 사람이나 물건이 있는 장소.
- 地位(지위) : 개인이 차지하는 사회적 위치.

階 섬돌 **계** 置 둘 **치** 地 따(땅) **지**

丿 亻 亻' 亻' 亻' 亻' 位

훈 써 음 **이**

이(是), ~부터

人(사람 인)부, ③ 5획

상형자

쟁기 모양(𠃊)과 사람 인(人).
갑골문에서 보면 쟁기를 본뜬 글자였다.

- 以內(이내) : 일정한 범위의 안.
- 以實直告(이실직고) : 사실 그대로 고함.
- 以心傳心(이심전심) : 마음에서 마음으로 전달됨.

內 안 **내** 實 열매 **실** 直 곧을 **직** 告 고할 **고** 心 마음 **심** 傳 전할 **전**

훈 귀 음 **이**

귀에 익다, 뿐, 따름

耳(귀 이)부, ⓪ 6획

상형자

사람의 귀 모양을 본뜬 글자로, '귀'를 뜻한다.

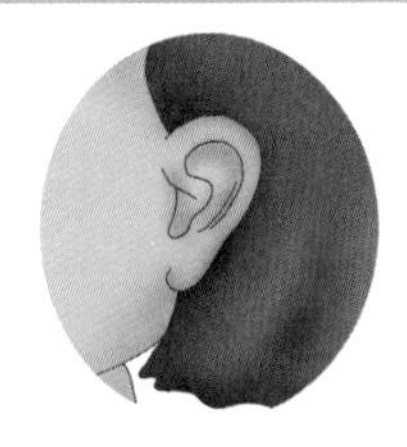

- 耳聾 (이롱) : 귀가 먹어 들리지 아니함.
- 耳目口鼻(이목구비) : 귀 · 눈 · 입 · 코. 얼굴의 생김새. 인물.
- 耳順(이순) : 예순 살. 나이 예순을 일컬음.

聾 귀머거리 **롱** 目 눈 **목** 口 입 **구** 鼻 코 **비** 順 순할 **순**

一 丅 FFF 耳 (획순)

耳

因

훈 인할 음 인

이어받다, 말미암다

口(큰입구몸)부, ③ 6획

반 果 실과 **과**

회의자 에워쌀 위(口 : 자리)와 큰 대(大 : 사람).
사람이 자리에 누워 의지하는 것으로, '인하다'를 뜻한다.

- **因果(인과)** : 원인과 결과. 전생에 대한 응보.
- **因習(인습)** : 이전부터 전하여 내려오는 풍습.
- **因緣(인연)** : 서로의 연분. 어느 사물에 관계되는 연줄.

果 실과 **과** 習 익힐 **습** 緣 인연 **연**

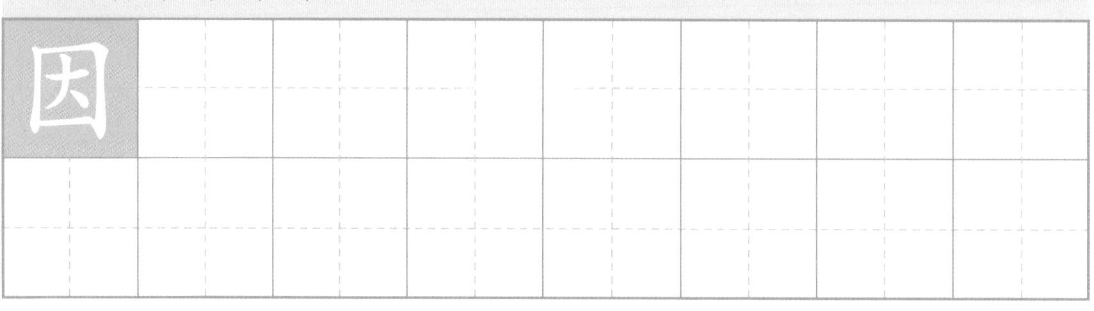

任

훈 맡길 음 임

주다, 맡은 일

亻(사람인변)부, ④ 6획

형성자
사람 인(亻·人)과 짊어질 임(壬).
사람이 짐을 짊어지듯 책임과 직책 등을 맡는 것을 뜻한다.

- **任期(임기)** : 일정한 책임을 맡아 보는 기간.
- **任命(임명)** : 일정한 직무를 맡김.
- **任用(임용)** : 관직을 주어 등용함.

期 기약할 **기** 命 목숨 **명** 用 쓸 **용**

丿 亻 亻 仁 任 任

任

財

간 财 동 貨 재물 화

형성자 조개 패(貝)와 바탕 재(才 : 질 좋은 재목). 가치 있는 것으로 여기는 물건, '재물'을 뜻한다.

훈 재물 음 **재**

재화, 녹(祿)

貝(조개 패)부, ③ 10획

- 財物(재물) : 돈과 값나가는 물건.
- 財産(재산) : 개인이나 단체가 소유한 재물.
- 財政(재정) : 수입과 재산을 관리하며 사용하는 일.

物 물건 **물** 産 낳을 **산** 政 정사 **정**

丨 冂 冃 月 目 貝 貝 貝一 財 財

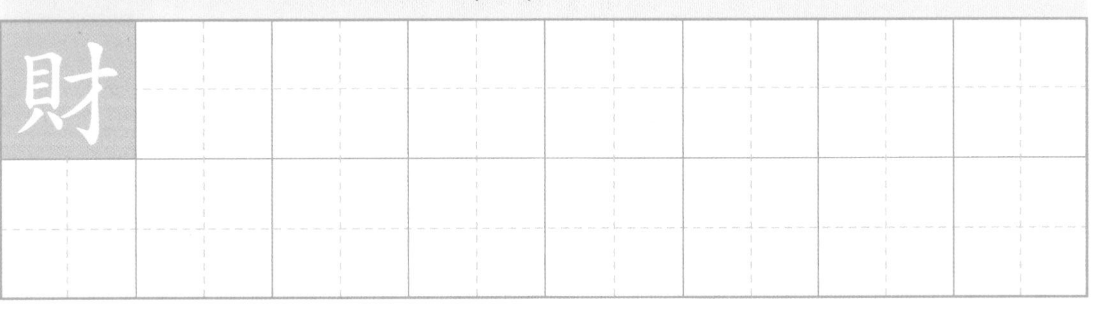

材

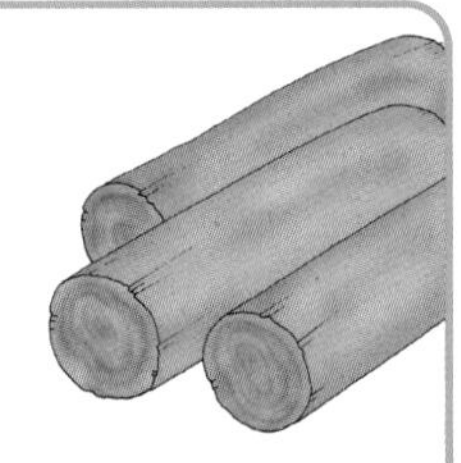

형성자
나무 목(木)과 바탕 재(才).
집을 지을 때의 바탕이 되는 나무를 뜻한다.

훈 재목 음 **재**

원료, 감, 재료

木(나무 목)부, ③ 7획

- 材料(재료) : 물건을 만드는 감. 일을 할 거리.
- 材木(재목) : 건축이나 기구를 만드는 데 재료가 되는 나무. 材幹(재간).
- 人材(인재) : 학식과 능력이 뛰어난 사람.

料 헤아릴 **료** 木 나무 **목** 幹 줄기 **간**

一 十 才 木 木一 村 材

훈 재앙 음 **재**

천재, 응징하다

火(불 화)부, ③ 7획

간 灾 동 禍 재앙 **화**

형성자 내 천(巛 · 川)과 불 화(火).
큰 물과 불에 의해 모든 재앙이 일어나는 것을 뜻한다.

- 災難(재난) : 뜻밖에 일어나는 변고.
- 災殃(재앙) : 자연 환경이 크게 변하든가 매우 불행한 큰 사고.
- 天災地變(천재지변) : 자연의 변화로 일어나는 재해(災害).

難 어려울 **난** 殃 재앙 **앙** 變 변할 **변** 害 해할 **해**

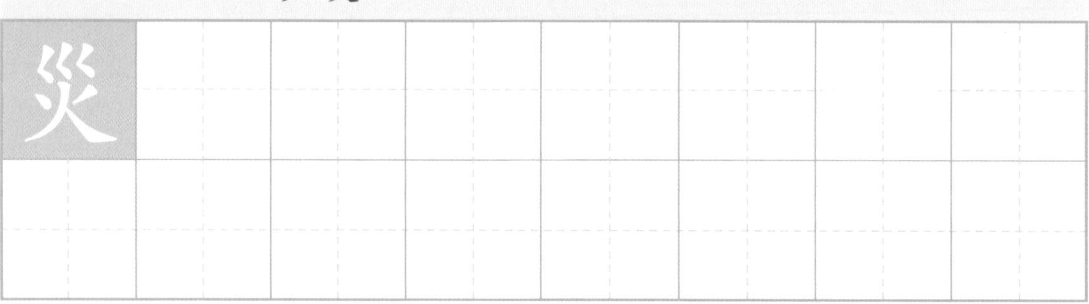

훈 두 음 **재**

둘, 거듭하다, 반복

冂(멀경몸)부, ④ 6획

회의자
한 일(一)과 쌓을 구(冉 · 冓).
쌓아 놓은 재목 위에 거듭 쌓는 것으로,
'두, 둘' 을 뜻한다.

- 再建(재건) : 다시 일으켜 세움.
- 再生(재생) : 다시 살아남. 가공하여 다시 씀.
- 再會(재회) : 헤어졌다가 다시 만남. 두 번째 모임.

建 세울 **건** 生 날 **생** 會 모일 **회**

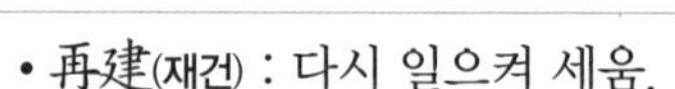

再

훈 다툴 음 **쟁**

겨루다, 소송하다

爪(손톱 조)부, ④ 8획

약 争 동 戰 싸움 **전** 鬪 싸움 **투**

회의자 손톱 조(爪)와 또 우(又 : 오른손), 갈고리 궐(亅). 손으로 물건을 잡아당기며 서로 다투는 것을 뜻한다.

- 爭訟(쟁송) : 서로 송사를 하여 다툼. 또는 그 송사.
- 爭取(쟁취) : 싸워서 빼앗아 가짐. 투쟁하여 얻음.
- 爭奪(쟁탈) : 서로 빼앗으려고 다툼. 다투어 빼앗음.

訟 송사할 **송** 取 가질 **취** 奪 빼앗을 **탈**

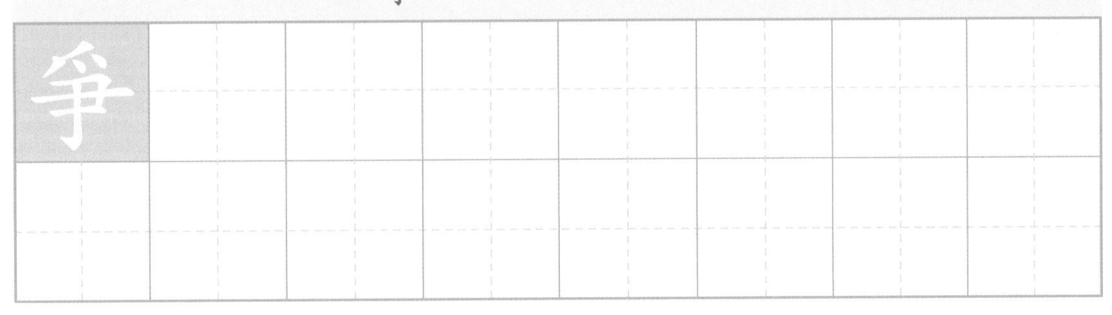

貯

훈 쌓을 음 **저**

저축하다, 두다

貝(조개 패)부, ⑤ 12획

간 贮 동 蓄 모을 **축**

형성자 조개 패(貝)와 축적할 저(宁). 재물을 축적해 두기 위해 모으는 것으로, '쌓다'를 뜻한다.

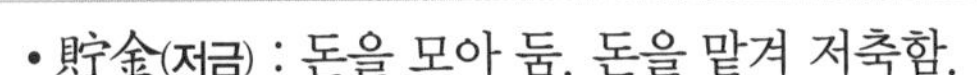

- 貯金(저금) : 돈을 모아 둠. 돈을 맡겨 저축함.
- 貯水池(저수지) : 둑을 쌓아 흐르는 물을 모아 두는 큰 못.
- 貯蓄(저축) : 돈을 다 쓰지 않고 모아 둠. 또는 그 모은 돈.

金 쇠 **금**, 성 **김** 水 물 **수** 池 못 **지** 蓄 모을 **축**

貯

的

훈 과녁 음 **적**

적실하다, 표준, 요점

白(흰 백)부, ③ 8획

동 確 굳을 **확**

형성자 흰 백(白)과 조금 작(勺).
흰 판에 찍어 둔 작은 점을 향해 활을 쏘는
것으로 '적실하다, 과녁'을 뜻한다.

- 的中(적중) : 꼭 들어맞음. 화살이 과녁에 맞음.
- 的確(적확) : 틀림없음. 확실함.
- 目的(목적) : 이룩하거나 도달하려고 하는 목표나 방향.

中 가운데 **중** 確 굳을 **확** 目 눈 **목**

丿 亻 ⺊ 白 白 白' 的 的

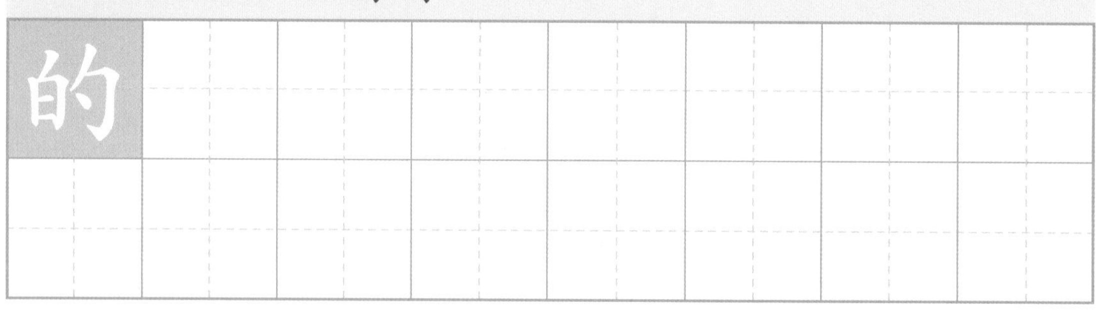

훈 붉을 음 **적**

붉은빛, 벌거숭이

赤(붉을 적)부, ⓪ 7획

동 紅 붉을 **홍** 丹 붉을 **단**

회의자 큰 대(土·大)와 불 화(小·火).
불빛을 받는 사람의 모양으로, '붉다'를 뜻한다.

- 赤裸裸(적나라) : 숨김이 없이 그대로 드러냄.
- 赤信號(적신호) : 위험을 알리는 신호. 교통 기관의 정지 신호.
- 赤化(적화) : 붉어짐. 공산주의에 물듦.

裸 벗을 **라** 信 믿을 **신** 號 이름 **호** 化 될 **화**

一 十 土 赤 赤 赤 赤

赤

[제3회] 한자능력검정시험 5급 예상 문제

문 항 수 : 100문항
합격문항 : 70문항
제한시간 : 50분

1. 다음 밑줄 친 漢字語의 讀音을 쓰세요.(1~35)

1 신상품 說明을 듣기 위해 많은 사람들이 강당에 모였다. [ ]

2 새로 오신 손님의 性質이 까탈스러워 애를 먹었다. [ ]

3 한 회계 연도의 歲入을 맞추기로 하였다. [ ]

4 아침에 일어나 洗面을 하였다. [ ]

5 우리는 오후에 만나기로 約束을 굳게 하였다. [ ]

6 우리 형은 首席으로 학교를 졸업하였다. [ ]

7 키 順序대로 줄을 서시오. [ ]

8 가까스로 宿所에 도착하여 잠을 잘 수 있었다. [ ]

9 우리는 識別하기 쉽게 하얀 띠를 머리에 둘렀다. [ ]

10 임금을 섬기어 벼슬하는 사람을 臣下라 한다. [ ]

11 학예회에서 實感나게 연기하여 청중의 마음을 울렸다. [ ]

12 대한의 健兒들아, 나라를 굳건히 지키자. [ ]

13 惡意에 찬 욕설로 남을 비판해선 안 된다. [ ]

14 案件을 상정하여 표결에 붙입시다. [ ]

15 집안끼리 조용한 約婚을 하기로 정하였다. [ ]

16 영재를 養成하는 교육 기관이 되고자 합니다. [ ]

17 저 곳이 우리의 漁場입니다. [ ]

18 뜨거운 熱氣로 가득찬 목욕실. [ ]

19 무릇 나뭇잎에 쓴 편지를 葉書라 합니다. [ ]

20 우리의 要求가 관철될 때까지 노력할 것입니다. [ ]

21 이번 주 日曜日에 우리는 산행하기로 하였습니다. [ ]

22 장마가 지는 雨期에는 우산을 준비합시다. [ ]

23 우리의 友情은 영원히 변치 않을 것입니다. [ ]

24 화려하고 雄大한 궁전에 우리는 놀랐다. [ ]

25 나의 所願은 서울의 일류 대학에 진학하는 것이다. [ ]

26 내 동생은 유치원에 다니는 院生이다. [ ]

27 어려서부터 훌륭한 偉人들의 전기를 읽고 자랐다. [ ]

28 以心傳心으로 우리 마음은 서로 통하였다. [ ]

29 耳目口鼻가 뚜렷한 우리 선생님. [ ]

30 화살이 과녁에 的中하였다. [ ]

31 헤어졌던 사람들이 再會하여 즐거워하고 있다. [ ]

32 언제 닥칠지 모르는 天災地變에 대비해야 한다. [ ]

33 우리의 財政이 항상 풍족하지는 않다. [ ]

34 그 회사는 人材들로 가득하다. [ ]

35 赤信號에서는 차를 멈춰야 합니다. [ ]

2. 다음 漢字의 訓과 音을 쓰세요.(36~58)

例	字 → 글자 자

36 示 [ ] 37 魚 [ ] 38 億 [ ]

39 屋 [ ] 40 完 [ ] 41 浴 [ ]

42 牛 [ ] 43 雲 [ ] 44 元 [ ]

45 原 [ ] 46 位 [ ] 47 因 [ ]

48 任 [ ] 49 爭 [ ] 50 貯 [ ]

51 財 [ ] 52 以 [ ] 53 院 [ ]

54 願 [ ] 55 雄 [ ] 56 曜 [ ]

57 葉 [ ] 58 熱 [ ]

3. 다음 밑줄 친 漢字語를 漢字로 쓰세요.(59~73)

59 할아버지는 연세가 많으신 데도 건강하시다. [ ]

60 세련된 모습으로 무대에 서는 모델들. [ ]

61 모두가 그러하다고 수긍하는 태도가 역력하였다. [ ]

62 밤하늘에는 뭇 별들의 성수가 화려하였다. [ ]

63 우리가 순리에 따라 사는 것이 세상의 이치이다. [ ]

64 당신의 탁월한 식견에 모두가 놀랐습니다. [ ]

65 상대방의 악담에 흔들려서는 안 됩니다. [ ]

66 전시장을 돌며 안내하기에 진땀을 흘렸다. [ ]

67 열심히 노력하여 성공하고자 합니다. [ ]

68 이 책이 조선 5백년사의 완결편입니다. [ ]

69 다음의 글을 요약하여 풀이하시오. [ ]

70 광장에 운집한 시민들의 열기가 뜨겁습니다. [ ]

71 병자에게 원기를 회복하도록 격려해 주었습니다. [ ]

72 상급학교에 진학하고자 원서를 제출하였습니다. [ ]

73 우리의 예상이 적중하여 기뻤습니다. [ ]

4. 다음 訓과 音에 맞는 漢字를 쓰세요.(74~78)

74 성품 성 [ ]　75 씻을 세 [ ]　76 요긴할 요 [ ]

77 열매 실 [ ]　78 알 식, 기록할 지 [ ]

5. 다음 漢字와 뜻이 反對 또는 相對 되는 한자를 쓰세요.(79~81)

79 臣 ↔ [ ]　80 順 ↔ [ ]　81 首 ↔ [ ]

6. 다음 ( ) 안에 들어갈 가장 잘 어울리는 漢字語를 〈例〉에서 찾아 그 번호를 써서 漢字語를 만드세요.(82~85)

例				
	① 東首	② 東手	③ 友耳	④ 牛耳
	⑤ 一葉	⑥ 日葉	⑦ 之利	⑧ 之里

82 漁父( )　83 ( )無策

84 ( )讀經　85 ( )片舟

7. 다음 漢字와 뜻이 같거나 뜻이 비슷한 漢字를 〈例〉에서 찾아 그 번호를 쓰세요.(86~88)

例						
	① 育	② 食	③ 年	④ 頭	⑤ 耳	⑥ 牛

86 歲 [ ]　87 首 [ ]　88 養 [ ]

8. 다음 漢字와 音이 같은데 뜻이 다른 漢字를 〈例〉에서 찾아 그 번호를 쓰세요.(89~91)

例						
	① 災	② 赤	③ 曜	④ 的	⑤ 牛	⑥ 雲

89 友 [ ]　90 要 [ ]　91 再 [ ]

9. 다음 뜻풀이에 알맞은 漢字語를 〈例〉에서 찾아 그 번호를 쓰세요.(92~94)

例

① 順調　② 兒童　③ 牛愛
④ 宿命　⑤ 兒女子　⑥ 友愛

92 타고난 운명. 인연에 의한 운명. [ ]

93 나이 어린 아이, 어린이. [ ]

94 형제간의 사랑. 벗 사이의 정이 두터움. [ ]

10. 다음 漢字의 略字(약자 : 획수를 줄인 漢字)를 쓰세요.(95~97)

例

體 → 体

95 兒 [ ]　96 惡 [ ]　97 實 [ ]

11. 다음 漢字의 진하게 표시한 획은 몇 번째 쓰는지 〈例〉에서 찾아 그 번호를 쓰세요.(98~100)

例

① 첫 번째　② 두 번째　③ 세 번째　④ 네 번째
⑤ 다섯 번째　⑥ 여섯 번째　⑦ 일곱 번째　⑧ 여덟 번째

98 洗 [ ]　99 首 [ ]　100 臣 [ ]

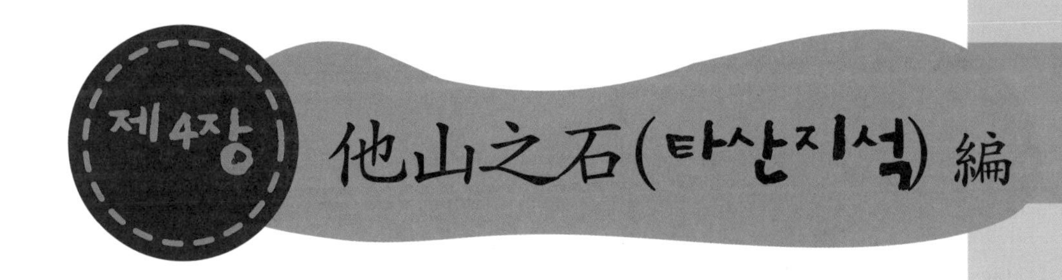

典 傳 展 節 切 店 情 停 調 操

卒 種 終 罪 週 州 知 止 質 着

參 唱 責 鐵 初 最 祝 充 致 則

打 他 卓 炭 宅 板 敗 品 必 筆

河 寒 害 許 湖 化 患 效 凶 黑

훈 법 음 전

규정, 책, 가르침, 의식

八(여덟 팔)부, ⑥ 8획

동 法 법 **법** 規 법 **규**

회의자 맞삽을 공(亓) 위에 책(冊 · 册). 귀중한 책의 뜻에서 파생하여, '법, 규정' 의 뜻을 나타낸다.

- **典據**(전거) : 바른 증거. 어떤 것을 근거로 하여 시행함.
- **典當**(전당) : 물건을 담보로 하여 돈을 빎.
- **典型**(전형) : 본보기로 삼을 만한 사물.

據 근거 **거** 當 마땅 **당** 型 모형 **형**

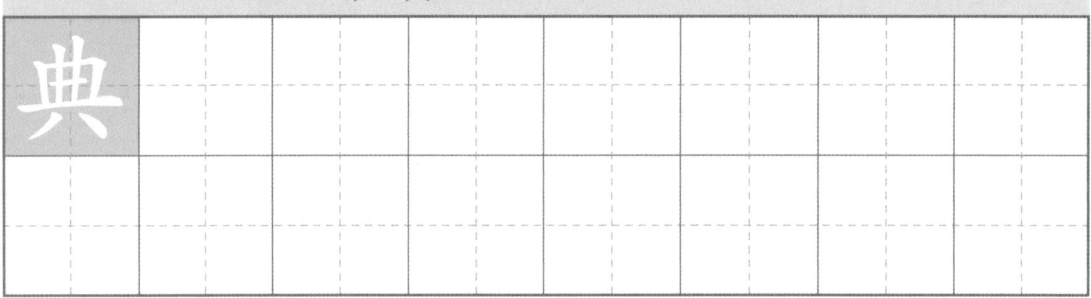

傳

훈 전할 음 전

전하여지다, 전기

亻(사람인변)부, ⑪ 13획

간 传 약 伝

형성자 사람 인(亻·人)과 오로지 전(專 : 두르다). 사물을 이 사람에게서 저 사람에게로 '전하다' 의 뜻을 나타낸다.

- **傳記**(전기) : 한 사람의 일생 이야기를 기록한 글.
- **傳達**(전달) : 전하여 이르게 함.
- **傳來**(전래) : 조상으로부터 대대로 전해져 옴.

記 기록할 **기** 達 통달할 **달** 來 올 **래**

丿 亻 亻 亻 亻 亻 亻 亻 伸 傅 傅 傳 傳

傳

훈 펼 음 전

열다, 늘이다, 살피다

尸(주검시엄)부, ⑦ 10획

형성자
주검 시(尸 : 몸통, 집)와 화려한 의복 전(㠭). 몸에 걸친 옷의 주름을 펴는 것으로, '펴다, 살피다'를 뜻한다.

- 展開(전개) : 눈앞에 크게 펼쳐짐.
- 展覽(전람) : 여러 가지 물건을 진열해 놓고 봄.
- 展示(전시) : 물품 따위를 늘어놓아 보임. 펴서 보임.

開 열 개 覽 볼 람 示 보일 시

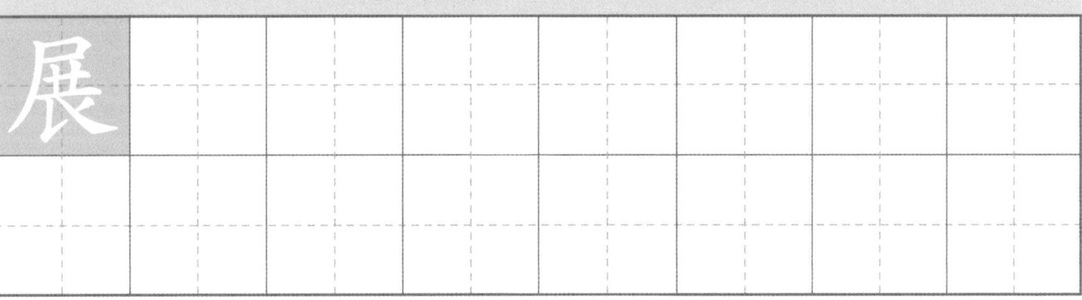

節

훈 마디 음 절

절개, 부신, 시기

竹(대 죽)부, ⑨ 15획

간 节

형성자 대 죽(竹)과 곧 즉(卽 : 무릎 관절). 대나무가 자라며 생기는 '마디'를 뜻함. 마디는 일정한 간격으로 '절개'를 뜻함.

- 節減(절감) : 비용을 아껴서 줄임.
- 節概(절개) : 지조를 지키는 굳건한 마음이나 태도.
- 節約(절약) : 아끼어 군비용이 나지 않게 함.

減 덜 감 概 대개 개 約 맺을 약

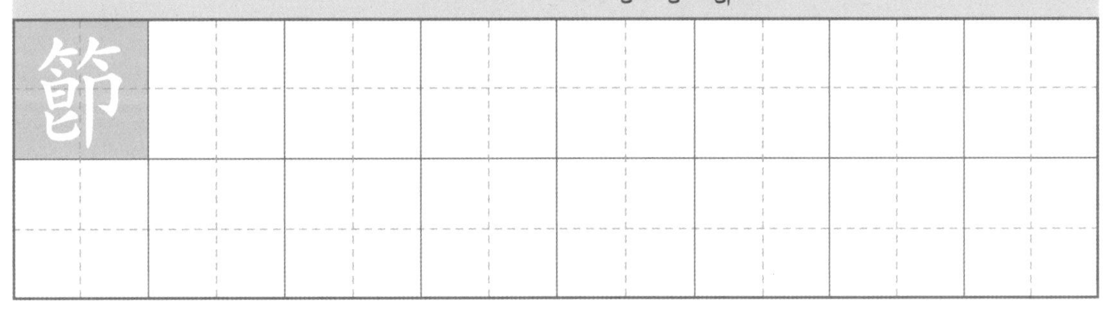

훈 끊을 음 **절**
훈 온통 음 **체**

자름, 모두

刀(칼 도)부, ② 4획

형성자

일곱 칠(七)과 칼 도(刀).
칼질을 하여 여럿으로 나누며 모두 자르는 것을 뜻한다.

- 切感(절감) : 절실하게 느낌. 깊이 느낌.
- 切斷(절단) : 끊어 냄. 잘라 냄.
- 一切(일체) : 관련된 모두. 모든 것. 온갖 사물.

感 느낄 **감** 斷 끊을 **단**

一 七 切 切

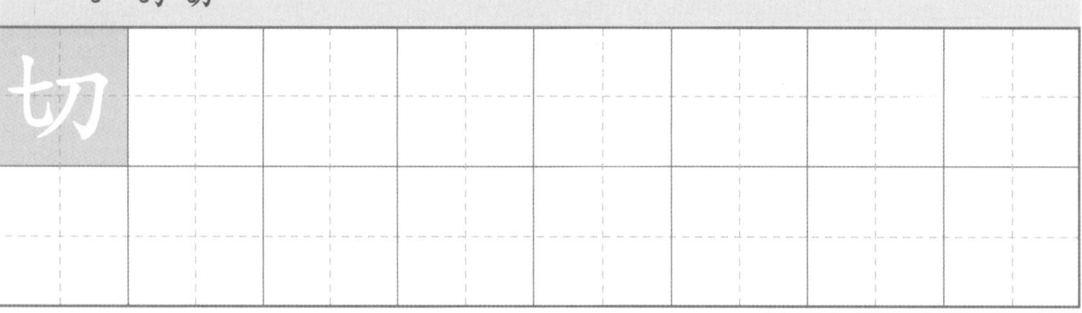

훈 가게 음 **점**

점방, 상점, 주막

广(엄호)부, ⑤ 8획

형성자

집 엄(广)과 차지할 점(占).
일정한 장소를 차지하고 물품을 벌여 놓은 '가게, 점방' 을 뜻한다.

- 店房(점방) : 가겟방. 상점. 가게를 벌인 집. 점포.
- 店員(점원) : 상점에서 일하는 종업원.
- 商店(상점) : 물건을 파는 가게.

房 방 **방** 員 인원 **원** 商 장사 **상**

丶 亠 广 广 庐 庐 店 店

店

情

훈 뜻 음 **정**

인정, 애정, 본성

忄(심방변)부, ⑧ 11획

간 情 동 **心** 마음 **심**

형성자 마음 심(忄·心)과 푸를 청(青 : 순수하다). 스스로 욕구하는 마음, '뜻, 인정'을 뜻한다.

- 情景(정경) : 마음에 감흥을 불러일으킬 만한 경치나 장면.
- 情談(정담) : 다정한 이야기.
- 情表(정표) : 정을 표시하기 위하여 물건을 줌. 또는 그 물건.

景 볕 **경** 談 말씀 **담** 表 겉 **표**

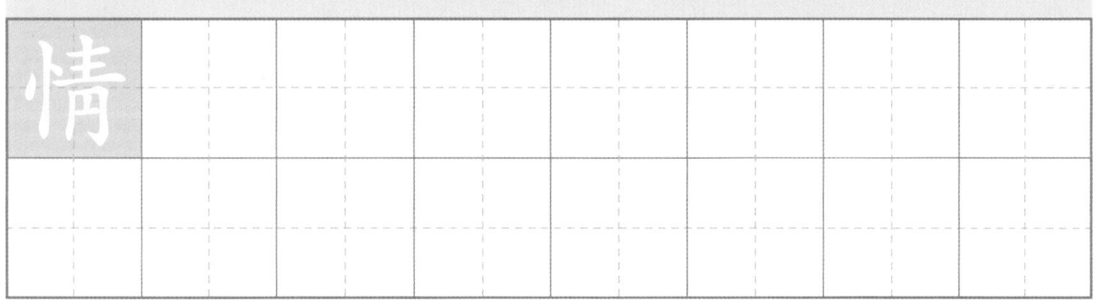

停

훈 머무를 음 **정**

멈추다, 그만두다

亻(사람인변)부, ⑨ 11획

동 **止** 그칠 **지** **留** 머무를 **류**

형성자 사람 인(亻·人)과 정자 정(亭). 사람이 정자에서 잠시 머무르는 것을 뜻한다.

- 停車場(정거장) : 기차나 버스가 손님을 위해 일정하게 멈추는 곳.
- 停年(정년) : 공직에서 물러나게 되는 나이.
- 停止(정지) : 하던 일을 중도에서 그침.

車 수레 **거·차** 場 마당 **장** 年 해 **년** 止 그칠 **지**

調

훈 고를 음 조

맞추다, 헤아리다

言(말씀 언)부, ⑧ 15획

간 调 동 和 화할 화

형성자 말씀 언(言)과 두루 미칠 주(周).
말이 두루 잘 어울리는 것으로, '고르다' 를 뜻한다.

- 調理(조리) : 조화되게 다스림. 치료함. 음식물을 요리함.
- 調査(조사) : 살펴서 알아봄.
- 調和(조화) : 이것과 저것이 서로 잘 어울림.

理 다스릴 리 査 조사할 사 和 화할 화

丶 亠 亠 亖 言 言 言 訁 訂 訂 訶 訶 調 調 調

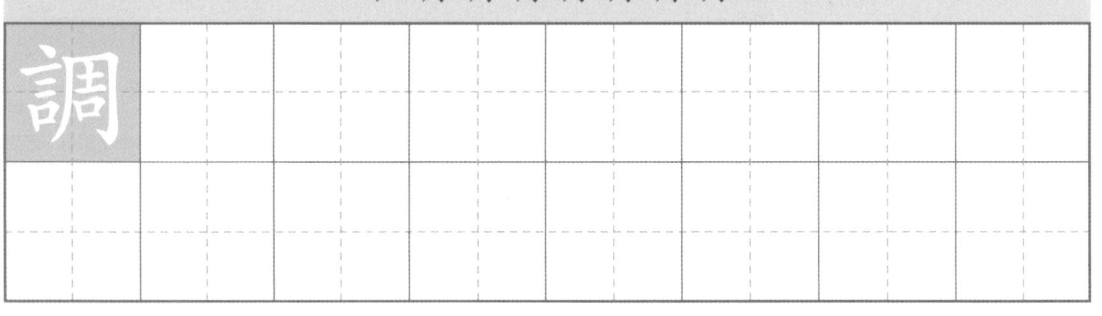

훈 잡을 음 조

부리다, 다가서다, 지조

扌(재방변)부, ⑬ 16획

형성자
손 수(扌 · 手)와 떼지어 울 소(喿 · 巢 : 둥지 틀다). 새가 둥지를 틀듯 손을 교묘하게 놀리는 것을 뜻한다.

- 操心(조심) : 마음을 삼가서 경계함.
- 操業(조업) : 작업을 실시함. 일을 함.
- 操縱(조종) : 마음대로 다루어 부림.

心 마음 심 業 업 업 縱 세로 종

一 扌 扌 扌 扌 扌 扌 扌 扌 扌 扌 扌 搡 搡 搡 操

操

훈 마칠 음 졸

군사, 병졸, 하인

十(열 십)부, ⑥ 8획

동 終 마칠 종

지사자 옷 의(衣 · 衣의 변형)와 열 십(十). 여러 사람들이 같은 옷을 입는 것으로, '군사, 병졸'을 뜻한다.

- 卒倒(졸도) : 갑자기 정신을 잃고 쓰러짐. 또는 그런 일.
- 卒兵(졸병) : 지위가 낮은 병사. 兵卒(병졸).
- 卒業(졸업) : 학교에서 전과목을 수료함. 일정한 일을 마침.

倒 넘어질 **도** 兵 병사 **병** 業 업 **업**

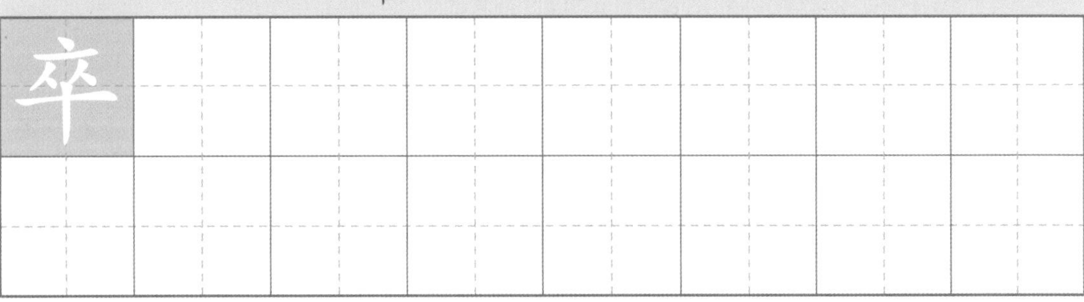

種

훈 씨 음 종

근본, 원인, 갖가지 종류

禾(벼 화)부, ⑨ 14획

간 种

형성자 벼 화(禾)와 무거울 중(重). 벼 이삭의 무거운 부분, '씨'를 뜻한다.

- 種類(종류) : 사물의 부문(部門)을 나누는 갈래.
- 種子(종자) : 씨. 사물의 근본.
- 種族(종족) : 혈통이나 언어 · 풍속 등이 같은 집단.

類 무리 **류** 部 떼 **부** 門 문 **문** 子 아들 **자** 族 겨레 **족**

種

훈 마칠 음 **종**

끝나다, 다하다

糸(실 사)부, ⑤ 11획

간 终 동 止 그칠 **지** 반 始 비로소 **시**, 初 처음 **초**

형성자 실 사(糸)와 겨울 동(冬).
갑골문과 금문(金文)에서는, 실의 양끝을 맺은 모양을 본떴다. '실의 끝'이라는 뜻.

- 終講(종강) : 강의를 끝마침. 또는 그 강의.
- 終結(종결) : 끝마침. 일의 끝. 終末(종말). 終局(종국).
- 始終(시종) : 처음과 끝. 처음부터 끝까지.

講 욀 **강** 結 맺을 **결** 末 끝 **말** 局 판 **국** 始 비로소 **시**

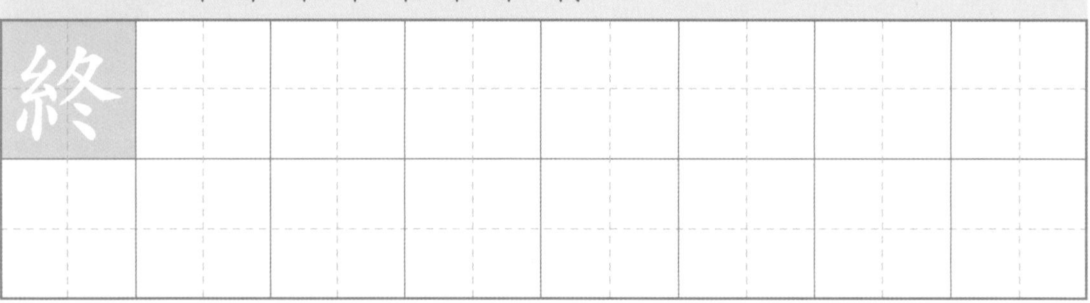

罪

훈 허물 음 **죄**

죄, 범죄, 과오

网(그물망머리)부, ⑧ 13획

회의자
그물 망(罒 · 网)과 잘못 비(非).
법망에 걸려든 그릇된 행동, '허물, 죄'를 뜻한다.

- 罪過(죄과) : 죄와 과실. 죄될 만한 과실.
- 罪名(죄명) : 범죄의 명칭.
- 罪囚(죄수) : 교도소에 갇힌 죄인.

過 지날 **과** 名 이름 **명** 囚 가둘 **수**

罪

週

훈 주일 음 **주**

돌다, 회전하다, 주기

⻌(책받침)부, ⑧ 12획

간 周

형성자 두루 미칠 주(周)와 쉬엄쉬엄 갈 착(⻌·辵). 한 바퀴 돌다의 뜻을 나타낸다.

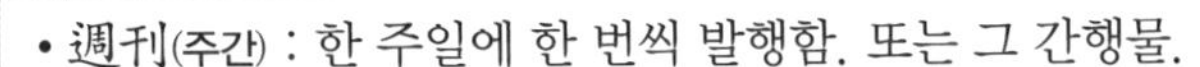

- 週刊(주간) : 한 주일에 한 번씩 발행함. 또는 그 간행물.
- 週期(주기) : 한 바퀴 또는 시기.
- 週年(주년) : 한 해를 단위로 하여 돌아오는 그 날을 세는 단위.

刊 새길 **간** 期 기약할 **기** 年 해 **년**

丿 冂 月 円 用 用 周 周 '周 '周 调 週

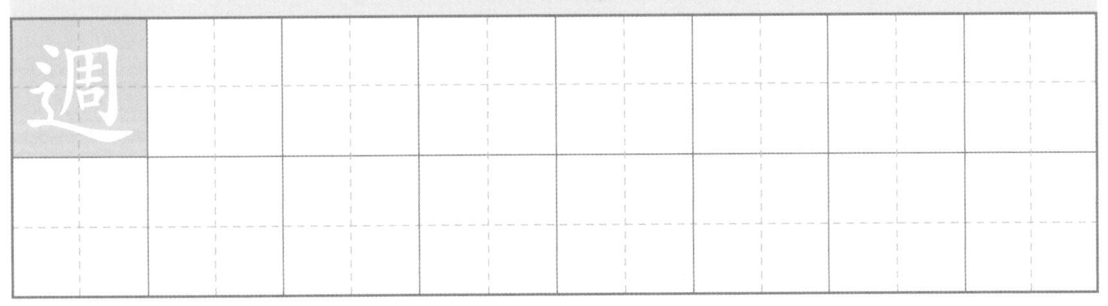

州

훈 고을 음 **주**

행정 구역, 삼각주

巛(개미허리)부, ③ 6획

동 邑 고을 **읍** 郡 고을 **군** 縣 고을 **현**

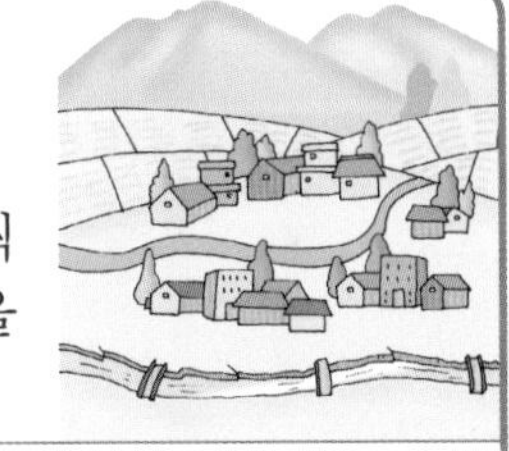

상형자 내 천(川)의 사이사이에 점(丶)을 하나씩 찍은 글자. 내를 건너가면 고을(마을)이 있음을 뜻한다.

- 州境(주경) : 주(州)의 경계. 州界(주계).
- 州郡(주군) : 주와 군. 도시에 대하여 지방을 일컬음.
- 州縣(주현) : 주와 현. 지방.

境 지경 **경** 界 지경 **계** 郡 고을 **군** 縣 고을 **현**

丶 丿 小 州 州 州

州

知

훈 알 음 **지**

깨닫다, 터득함, 슬기

矢(화살 시)부, ③ 8획

동 **識** 알 **식**

회의자 화살 시(矢)와 입 구(口).
사람들이 하는 말을 화살처럼 빠르게 깨닫는
것으로, '알다, 깨닫다'를 뜻한다.

- 知能(지능) : 두뇌의 작용. 슬기와 능력.
- 知識(지식) : 어떤 사물에 관한 명료한 의식. 알고 있는 내용.
- 知足者富(지족자부) : 족한 것을 알고 현재에 만족하는 사람은 부자임.

能 능할 **능** 識 알 **식**, 기록할 **지** 足 발 **족** 者 놈 **자** 富 부자 **부**

丿 𠂉 𠂒 午 矢 矢 知 知

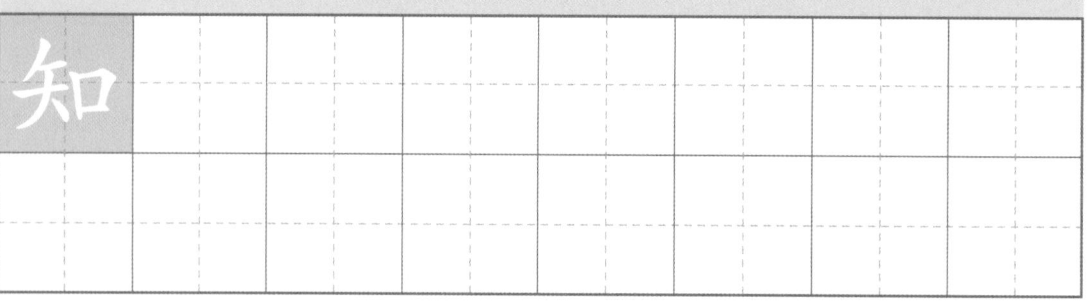

훈 그칠 음 **지**

거동, 발, 머무르다

止(그칠 지)부, ⓪ 4획

동 **停** 머무를 **정** **終** 마칠 **종**

상형자 사람의 발목 아래 모양을 본뜬 글자.
정지선(一)에 멈춰 서 있는 발 모양(止·足)을
뜻한다.

- 止揚(지양) : 더 높은 단계를 위하여 어떤 것을 멈춤.
- 止血(지혈) : 나오는 피를 그치게 함.
- 禁止(금지) : 말려서 하지 못하게 함.

揚 날릴 **양** 血 피 **혈** 禁 금할 **금**

丨 卜 止 止

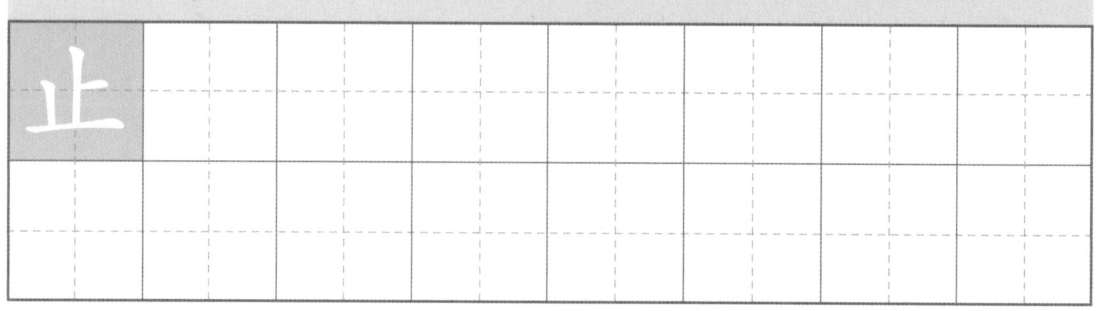

훈 바탕 음 질

볼모, 진실, 묻다

貝(조개 패)부, ⑧ 15획

간 质

회의자 모탕 은(斦)과 조개 패(貝).
모탕은 물건을 쌓을 때 가장 밑에 받치는 '바탕'을 뜻한다.

- 質量(질량) : 물체에 포함되어 있는 물질의 분량.
- 質問(질문) : 모르거나 의심나는 점을 물음.
- 質責(질책) : 꾸짖어 바로잡음. 책망하여 바로잡음.

量 헤아릴 **량** 問 물을 **문** 責 꾸짖을 **책**

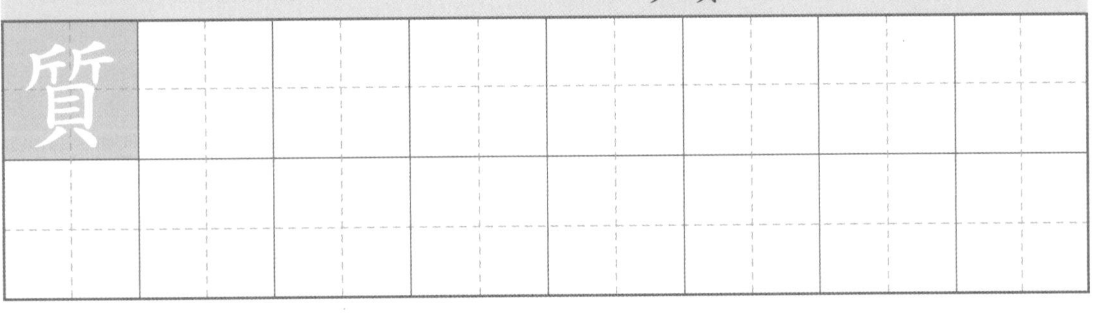

着

훈 붙을 음 착

붙이다, 입다, 신다

目(눈 목)부, ⑦ 12획

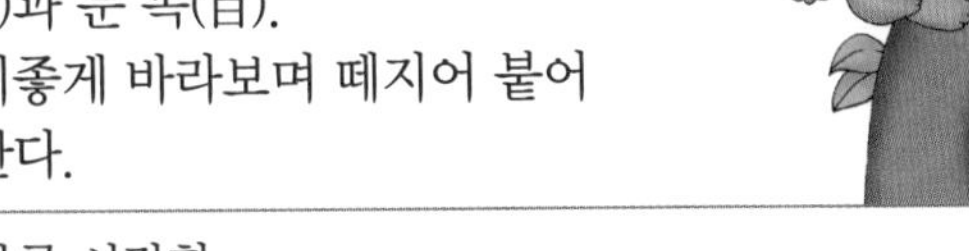

간 着 반 發 필 **발** 동 到 이를 **도**

형성자 양 양(羊)과 눈 목(目).
양들이 서로 사이좋게 바라보며 떼지어 붙어 다니는 것을 뜻한다.

- 着工(착공) : 공사를 시작함.
- 着陸(착륙) : 비행기가 육지에 내림.
- 着服(착복) : 옷을 입음. 남의 금품을 부당하게 자기 것으로 함.

工 장인 **공** 陸 뭍 **륙** 服 옷 **복**

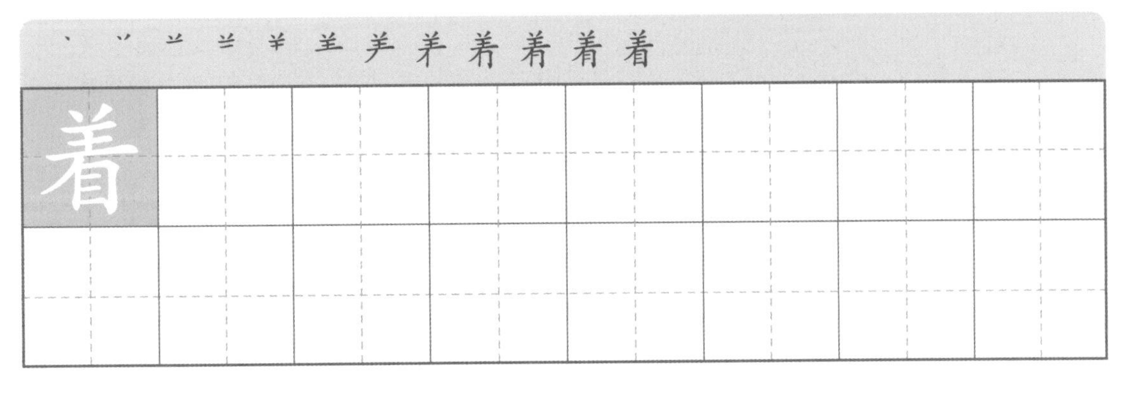

훈 참여할 음 참
훈 석 음 삼

빽빽하다

厶(마늘 모)부, ⑨ 11획

약 参 동 與 더불/줄 여

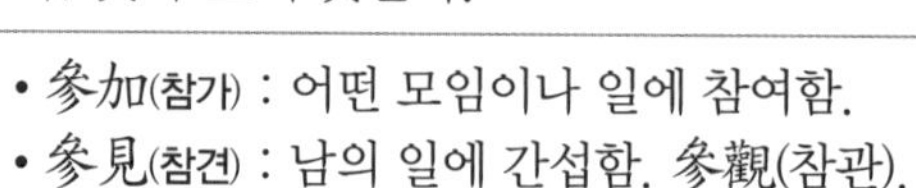

형성자 별(厽)이 사람(人) 머리(彡) 위에 있는 형태로, 빛나는 것을 뜻하였으나 파생하여 쓰인다. 숫자 三의 갖은자.

- 參加(참가) : 어떤 모임이나 일에 참여함.
- 參見(참견) : 남의 일에 간섭함. 參觀(참관).
- 參考(참고) : 이것저것을 대조하여 생각함. 또는 그러는데 필요한 자료.

加 더할 가 見 볼 견 觀 볼 관 考 생각할 고

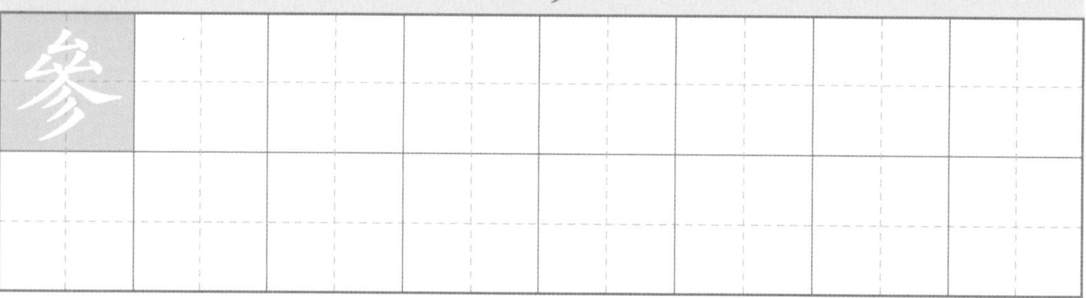

唱

훈 부를 음 창

노래, 인도하다

口(입 구)부, ⑧ 11획

형성자
입 구(口)와 창성할 창(昌).
입을 크게 벌려 부르는 '노래' 의 뜻을 나타낸다.

- 唱歌(창가) : 곡조에 맞추어 노래 부름. 또는 그 노래.
- 唱導(창도) : 부르짖어 사람을 인도함. 중생을 교화하고 인도함.
- 先唱(선창) : 맨 먼저 주장함. 맨 먼저 부름.

歌 노래 가 導 인도할 도 先 먼저 선

丨 ㄇ 口 口丨 口ㄇ 口日 口日 口目 口昌 唱 唱

唱

責

간 责

형성자 가시 자(朿·朿)와 조개 패(貝).
금품을 강요하거나 꾸짖는 것을 뜻한다.

훈 꾸짖을 음 **책**

요구하다, 강요함

貝(조개 패)부, ④ 11획

- 責望(책망) : 잘못을 들어 꾸짖음. 또는 그 일.
- 責罰(책벌) : 죄과를 꾸짖어 벌함.
- 責任(책임) : 맡아서 해야 할 임무.

望 바랄 **망** 罰 벌할 **벌** 任 맡길 **임**

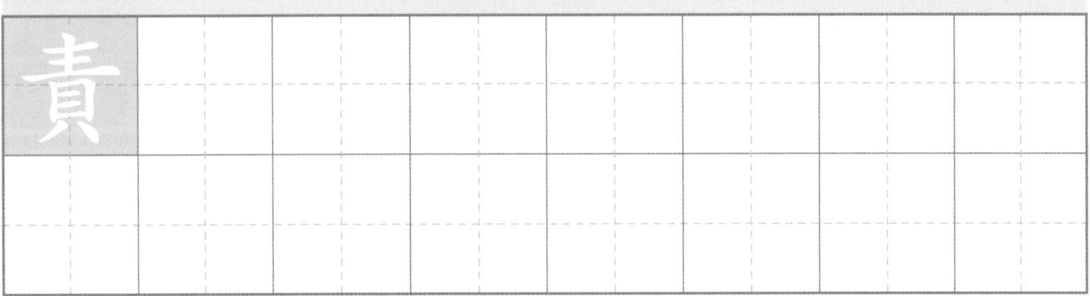

鐵

간 铁 약 銕

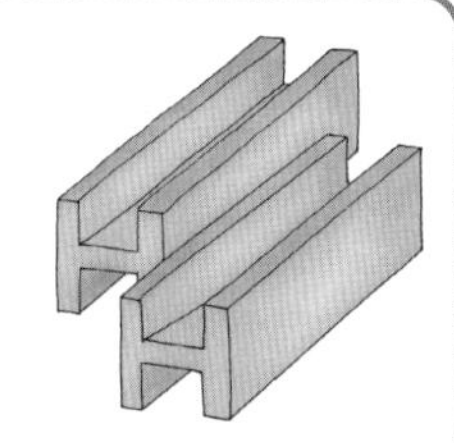

형성자 쇠 금(金)과 날카로울 철(戴 : 큰 창).
큰 창의 재료가 되는 '쇠'를 뜻한다.

훈 쇠 음 **철**

검다, 단단하다, 굳다

金(쇠 금)부, ⑬ 21획

- 鐵甲(철갑) : 쇠로 만든 갑옷.
- 寸鐵殺人(촌철살인) : '한 치밖에 안 되는 칼로 사람을 죽인다'는 뜻으로, 짧은 경구나 단어로 사람의 마음을 찔러 감동시킴을 뜻함.

甲 갑옷 **갑** 寸 마디 **촌** 殺 죽일 **살**, 감할/빠를 **쇄**

鐵

훈 처음 음 **초**

시작, 비로소

刀(칼 도)부, ⑤ 7획

반 終 마칠 **종** 동 始 비로소 **시**

회의자 옷 의(衤 · 衣)와 칼 도(刀).
옷을 만들려면 칼로 재단하기 때문에 '처음'을 뜻한다.

- 初級(초급) : 맨 첫째의 등급.
- 初面(초면) : 처음으로 대하여 봄. 처음 대하는 처지.
- 初行(초행) : 처음으로 감. 또는 그 길.

級 등급 **급** 面 낯 **면** 行 다닐 **행**, 항렬 **항**

` ㇇ 衤 衤 衤 衤 初 初

初

훈 가장 음 **최**

제일, 으뜸

曰(가로 왈)부, ⑧ 12획

회의자
무릅쓸 모(冃 · 冒)와 취할 취(取).
전쟁에서 위험을 무릅쓰고 적의 귀(耳)를 베는(又) 것이 가장 큰 모험이라는 것을 뜻한다.

- 最高(최고) : 가장 높음. 제일임. 가장 으뜸이 되는 것.
- 最近(최근) : 지나간 지 얼마 안 되는 날.
- 最上(최상) : 맨 위. 정상. 가장 훌륭함.

高 높을 **고** 近 가까울 **근** 上 윗 **상**

丨 冂 冃 冃 旦 旦 早 早 旱 最 最 最

最

祝

훈 빌 음 축

축하하다, 기원하다

示(보일 시)부, ⑤ 10획

간 祝

회의자 보일 시(示)와 입 구(口), 사람 인(儿·人).
신주 앞에 꿇어 앉아 행복을 구하는 것을 뜻한다.

- 祝福(축복) : 앞날의 행복을 빎. 신이 내리는 은혜.
- 祝祭(축제) : 많은 사람이 모여 축하, 또는 기념하는 행사.
- 祝賀(축하) : 남의 좋은 일에 대해 기쁜 마음으로 인사함.

福 복 **복** 祭 제사 **제** 賀 하례할 **하**

丶 二 亍 亓 示 礻 礻 礽 祀 祝

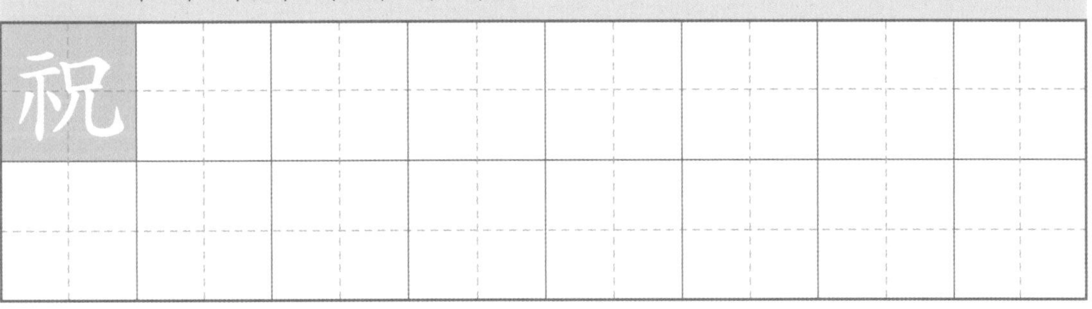

훈 채울 음 충

가득하다, 차다

儿(어진사람인발)부, ④ 6획

형성자
기를 육(𠫓 · 育)과 사람 인(儿 · 人).
사람이 자라며 커 가는 것, 어른이 되는 것을
뜻한다.

- 充當(충당) : 모자라는 것을 채워서 메움.
- 充員(충원) : 부족한 인원을 채움.
- 充足(충족) : 일정한 분량에 차거나 채움.

當 마땅 **당** 員 인원 **원** 足 발 **족**

丶 亠 𠫓 𠫓 㐬 充

充

致

훈 이를 음 **치**

다다르다, 이루다, 부르다

至(이를 지)부, ④ 10획

형성자
이를 지(至)와 뒤처져올 치(夂 : 걷다).
천천히 걸어서 목표에 이르고 다다르는 것을 뜻한다.

- 致命(치명) : 죽을 지경에 이름. 종교에 목숨을 희생함.
- 致富(치부) : 재물을 모아 부유하게 됨.
- 致誠(치성) : 있는 정성을 다함.

命 목숨 **명** 富 부자 **부** 誠 정성 **성**

一 ㄈ ㄈ ㄈ 즈 至 至 到 釞 致 致

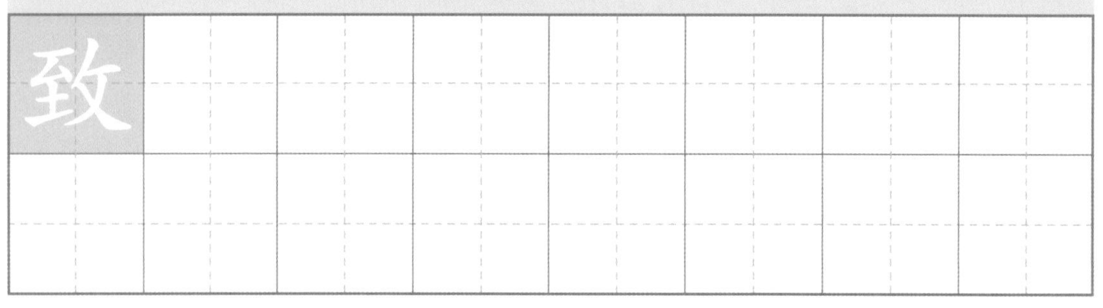

훈 법칙 음 **칙**
훈 곧 음 **즉**

규칙, 결국, 다만

刂(선칼도방)부, ⑦ 9획

간 则

회의자 조개 패(貝 : 재물)와 칼 도(刂 · 刀).
재물을 나누기 위해서 일정한 '법, 규칙' 이 있어야 함을 뜻한다.

- 規則(규칙) : 다같이 지키기로 결정한 법칙.
- 法則(법칙) : 반드시 지켜야 할 규범. 보편 필연적인 관계.
- 然則(연즉) : '그러면, 그런즉' 의 뜻의 접속 부사.

規 법 **규** 法 법 **법** 然 그럴 **연**

丨 冂 冃 月 目 旦 貝 貝 則

則

打

훈 칠 음 타

공격하다, ~로부터

扌(재방변)부, ② 5획

반 投 던질 투 동 擊 칠 격 攻 칠 공 伐 칠 벌

형성자 손 수(扌·手)와 못 정(丁).
못을 잡고 치다의 뜻에서, '치다'를 뜻한다.

- 打者(타자) : 야구에서 방망이를 들고 공을 치는 공격 선수.
- 打作(타작) : 곡식의 이삭을 두드려 낟알을 거둠.
- 打電(타전) : 무전이나 전보를 침.

者 놈 자 作 지을 작 電 번개 전

一 扌 扌 扌 打

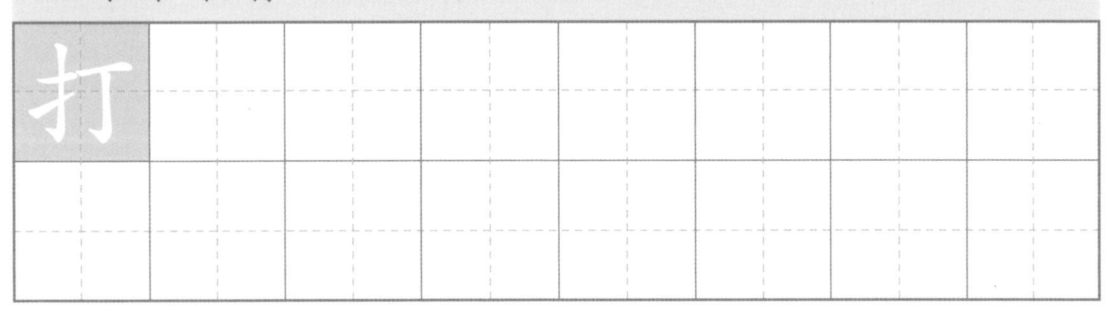

他

훈 다를 음 타

딴, 남, 타인

亻(사람인변)부, ③ 5획

반 自 스스로 자

형성자 사람 인(亻·人)과 뱀 사(也·蛇).
뱀은 사람과 다른 것으로 '다르다'를 뜻한다.

- 他界(타계) : 다른 세계. 세상을 떠남.
- 他山之石(타산지석) : 남의 산에 있는 흔한 돌도 자기에게 도움이 된다는 말.
- 他鄉(타향) : 자기 고향이 아닌 다른 곳.

界 지경 계 山 메 산 之 갈 지 石 돌 석 鄉 시골 향

丿 亻 仁 他 他

他														

훈 높을 음 탁

뛰어나다, 훌륭하다

十(열 십)부, ⑥ 8획

동 高 높을 고 尊 높을 존

회의자 비수 비(匕 : 사람)와 빠를 조(早 : 동틀녘). 일찍 오는 사람은 뛰어나고 훌륭함을 뜻한다.

- 卓見(탁견) : 뛰어난 의견이나 식견.
- 卓上公論(탁상공론) : 현실성이 없는 허황한 말이나 의논.
- 卓越(탁월) : 남보다 기술이나 능력이 매우 뛰어남.

見 볼 견 公 공평할 공 論 논할 론 越 넘을 월

卓

炭

훈 숯 음 탄

목탄, 석탄, 숯불

火(불 화)부, ⑤ 9획

반 氷 얼음 빙

형성자 언덕 안(屵 · 岸)과 불 화(火). 산에서 불로 굽거나 채굴되는 것으로, '숯, 석탄'을 뜻한다.

- 炭鑛(탄광) : 석탄을 캐내는 곳. 광산.
- 炭素(탄소) : 생물체를 구성하는 원소. 기호 C.
- 石炭(석탄) : 땅속에 묻힌 가연성의 퇴적암.

鑛 쇳돌 광 素 본디/흴 소 石 돌 석

炭

훈 집 음 택

대지, 댁, 거주하다

宀(갓머리)부, ③ 6획

동 家 집 가 舍 집 사

형성자 움집 면(宀)과 맡길 탁(乇).
편안히 몸을 맡기고 쉬는, '집'을 뜻한다.

- 宅配(택배) : 짐이나 서류 따위를 집으로 배달함.
- 宅舍(택사) : 사람이 사는 집.
- 宅地(택지) : 가옥의 대지. 집터. 垈地(대지).

配 나눌/짝 배 舍 집 사 地 따(땅) 지 垈 집터 대

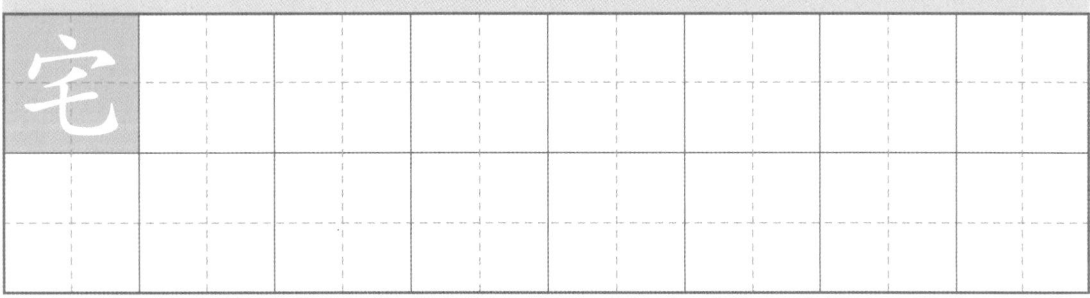

훈 널 음 판

널빤지, 널조각, 판목(版木)

木(나무 목)부, ④ 8획

형성자
나무 목(木)과 뒤집을 반(反).
나무를 켜서 뒤집을 수 있는 '널빤지'를 뜻한다.

- 板刻(판각) : 글씨나 그림을 나무판에 새김.
- 板書(판서) : 칠판에 분필로 글씨를 씀.
- 板子(판자) : 나무로 만든 널조각. 널빤지.

刻 새길 각 書 글 서 子 아들 자

一 十 才 木 木' 朾 板 板

板

敗

훈 패할 음 **패**

지다, 실패하다

攵(등글월문)부, ⑦ 11획

간 败 반 成 이룰 **성** 勝 이길 **승**

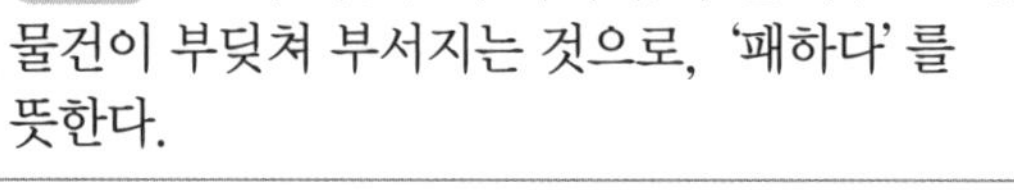

형성자 조개 패(貝 : 부서지다)와 칠 복(攵 · 攴). 물건이 부딪쳐 부서지는 것으로, '패하다'를 뜻한다.

- 敗家(패가) : 가산을 탕진하여 없앰.
- 敗北(패배) : 싸움에 짐. 싸움에 져 도망함.
- 敗戰(패전) : 전쟁에서 짐. 반 勝戰(승전)

家 집 **가** 北 북녘 **북**, 달아날 **배** 戰 싸움 **전** 勝 이길 **승**

丨 冂 冃 月 目 貝 貝 貝 貝 敗 敗

敗

品

훈 물건 음 **품**

물품, 품수, 등급

口(입 구)부, ⑥ 9획

회의자
입 구(口 : 물건) 셋을 합한 글자.
저마다의 개성을 지닌 물건(등급, 품질)의 뜻을 나타낸다.

- 品格(품격) : 사람이나 물건에서 느껴지는 품위.
- 品性(품성) : 사람의 됨됨이. 품격과 성질.
- 品位(품위) : 사람이 갖추고 있는 직품과 직위. 인격적 가치.

格 격식 **격** 性 성품 **성** 位 자리 **위**

丨 ㄇ 口 口 口 口 口 品 品

品

必

훈 반드시 음 필

오로지, 꼭, 기필코

心(마음 심)부, ① 5획

회의자

주살 익(弋 : 말뚝)과 여덟 팔(八 : 끈).
땅의 경계를 구별지을 때 말뚝(弋)을 박아
경계를 분명히 하는 것을 뜻한다.

- 必讀(필독) : 꼭 읽음. 반드시 읽어야 함.
- 必須(필수) : 꼭 있어야 함. 꼭 필요로 함.
- 必要(필요) : 꼭 소용이 됨. 반드시 없어서는 안 됨.

讀 읽을 **독**, 구절 **두**　須 모름지기 **수**　要 요긴할 **요**

丶 ソ 义 必 必

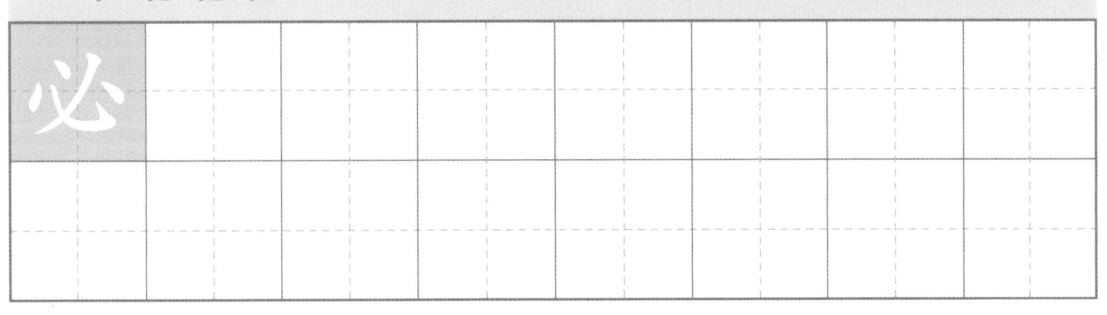

筆

훈 붓 음 필

쓰다, 필적, 글씨

竹(대 죽)부, ⑥ 12획

간 笔

회의자 대 죽(竹)과 붓 율(聿 : 붓을 쥔 손).
대나무로 만든 '붓' 을 뜻한다.

- 筆記(필기) : 글씨를 씀. 강의나 연설 등의 내용을 받아씀.
- 筆舌(필설) : 붓과 혀. 곧 글과 말.
- 筆順(필순) : 글씨를 쓸 때 붓을 놀리는 차례.

記 기록할 **기**　舌 혀 **설**　順 순할 **순**

丿 𠂉 ⺮ ⺮ ⺮ ⺮ 竺 笁 笋 筀 筆 筆

筆

훈 물 음 하

내, 강, 황하(黃河)

氵(삼수변)부, ⑤ 8획

반 山 메 산 동 川 내 천 海 바다 해

형성자 물 수(氵· 水)와 옳을 가(可 : 굽다).
굽이쳐 흐르는 황하, '물'을 뜻한다.

- 河口(하구) : 강물이 바다로 흘러드는 어귀.
- 河川(하천) : 강과 내. 시내. 강.
- 山河(산하) : 산과 내. 국토. 세상.

口 입 구 川 내 천 山 메 산

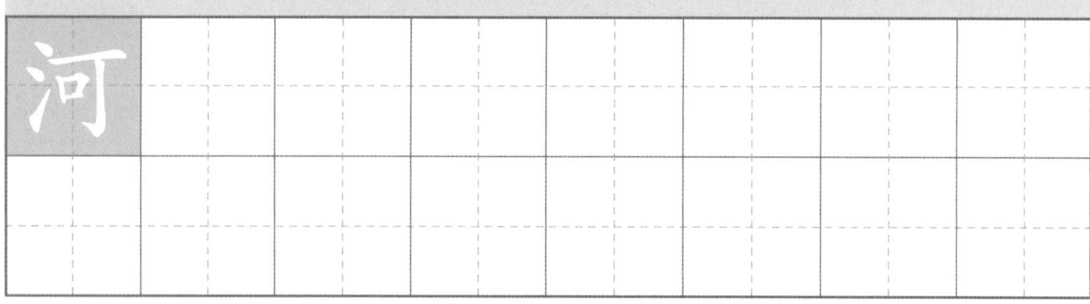

훈 찰 음 한

추움, 가난하다

宀(갓머리)부, ⑨ 12획

반 暑 더울 서 溫 따뜻할 온 동 冷 찰 랭
暖 따뜻할 난

회의자 터질 하(㝬)와 얼음 빙(冫).
추위에 몸을 움츠리고 있는 모양으로, '차다, 추움'을 뜻한다.

- 寒氣(한기) : 추운 기운. 추워서 몸이 떨리는 기운.
- 寒冷(한랭) : 춥고 참. 기온이 낮고 매우 추움.
- 寒食(한식) : 동지가 지난 뒤에 105일째 되는 날.

氣 기운 기 冷 찰 랭 食 밥/먹을 식

害

훈 해할 음 해

해치다, 손해, 훼방하다

宀(갓머리)부, ⑦ 10획

반 利 이할 리

형성자 움집 면(宀)과 어지러울 개(丯), 입 구(口). 집에서 어지럽히는 말을 하여, 남을 해치는 것을 뜻한다.

- 害毒(해독) : 일을 망치거나 손해를 끼치는 요소.
- 害惡(해악) : 해가 되는 나쁜 일. 남을 해하는 악행.
- 害蟲(해충) : 인류 생활에 해를 끼치는 벌레.

毒 독 **독** 惡 악할 **악**, 미워할 **오** 蟲 벌레 **충**

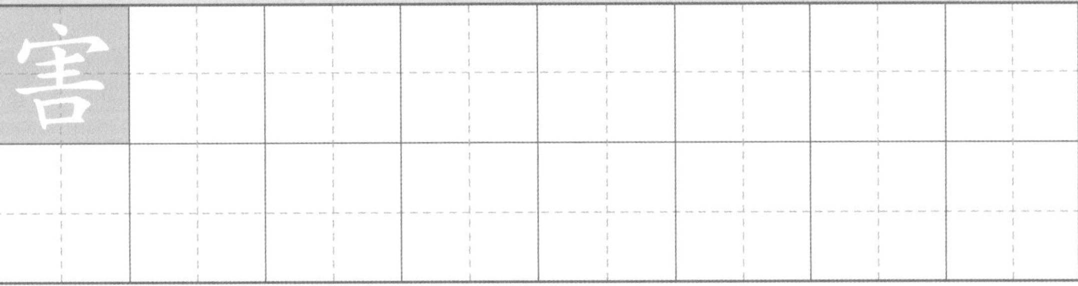

許

훈 허락할 음 허

나아가다, 바라다

言(말씀 언)부, ④ 11획

간 许

형성자 말씀 언(言)과 공이 저(午·杵). 신에게 빌어 받아들여지는 것을 뜻한다.

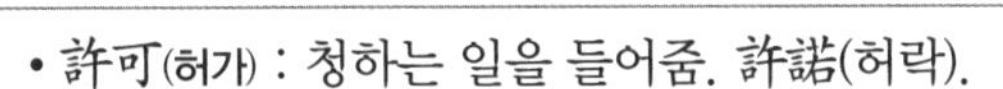

- 許可(허가) : 청하는 일을 들어줌. 許諾(허락).
- 許多(허다) : 몹시 많음. 수두룩함.
- 許容(허용) : 허락하여 용납함.

可 옳을 **가** 諾 허락할 **낙** 多 많을 **다** 容 얼굴 **용**

湖

훈 호수 음 호

큰 못

氵(삼수변)부, ⑨ 12획

형성자
물 수(氵·水)와 멀 호(胡·丘 : 크다).
물이 멀리까지 뻗친 '호수'를 뜻한다.

- 湖南(호남) : 호수의 남쪽. 전라남·북도의 별칭.
- 湖畔(호반) : 호수의 주변. 호숫가. 湖岸(호안).
- 湖水(호수) : 큰 못. 호수의 물. 육지로 둘러싸여 물이 괸 곳.

南 남녘 **남** 畔 밭두둑 **반** 岸 언덕 **안** 水 물 **수**

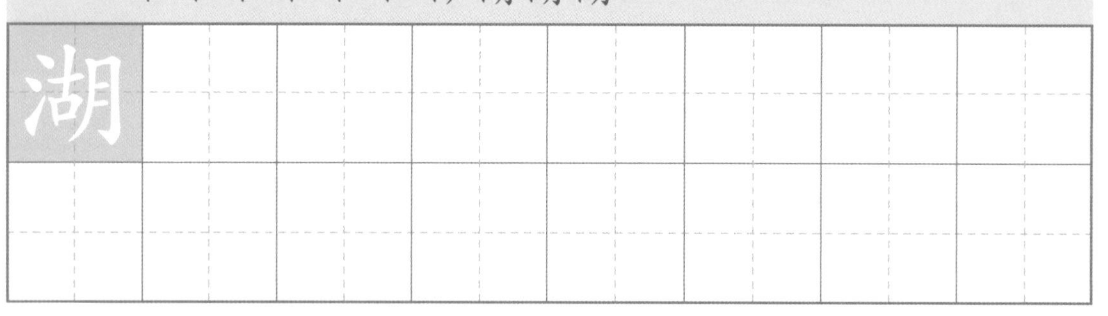

丶 丷 氵 氵 汁 汢 沽 沽 湖 湖 湖 湖

湖

化

훈 될 음 화

화하다, 변함, 교화하다

匕(비수 비)부, ② 4획

동 變 변할 **변**

회의자 바로 선 사람 인(亻·人)과 거꾸로 선 사람(匕). 사람이 교화되어 변하는 것을 뜻한다.

- 化石(화석) : 지층에 묻혀 돌이 된 동식물의 유체.
- 化粧(화장) : 연지나 분 등을 바르고 얼굴을 곱게 꾸밈.
- 化學(화학) : 물질의 변화나 법칙을 연구하는 학문.

石 돌 **석** 粧 단장할 **장** 學 배울 **학**

丿 亻 亻 化

化

훈 근심 음 **환**

고통, 재난, 앓다

心(마음 심)부, ⑦ 11획

동 憂 근심 **우**

형성자 꼬챙이 곶(串)과 마음 심(心).
마음을 꿰어 찌르는 것이 있어 '근심, 고통'을 뜻한다.

- 患苦(환고) : 근심 때문에 생기는 고통.
- 患難(환난) : 매우 괴로운 일이나 상황. 근심 걱정과 재난.
- 患者(환자) : 몸을 다치거나 병이 들어 앓는 사람.

苦 쓸 **고** 難 어려울 **난** 者 놈 **자**

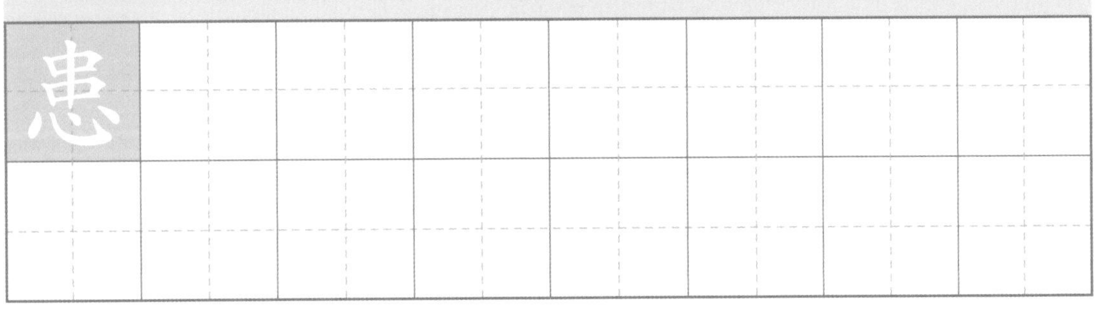

훈 본받을 음 **효**

힘쓰다, 주다

攵(등글월문)부, ⑥ 10획

형성자
사귈 교(交 : 배우다)와 칠 복(攵 · 攴).
채찍질하여 배우게 하는 것으로, '본받다'를 뜻한다.

- 效果(효과) : 보람. 좋은 결과. 效力(효력).
- 效能(효능) : 효험을 나타내는 성능.
- 效率(효율) : 들인 노력과 얻은 결과와의 비율.

果 실과 **과** 力 힘 **력** 能 능할 **능** 率 비율 **률**, 거느릴 **솔**

훈 흉할 음 흉

재앙, 흉년, 언짢다

凵(위튼입구몸)부, ② 4획

반 吉 길할 길

지사자 움푹 패여 있는 땅(凵 : 함정)과 갈라진 곳(㐅). 함정에 빠지는 것으로, '흉하다'를 뜻한다.

• 凶計(흉계) : 음흉한 꾀.
• 凶器(흉기) : 사람을 살상하는 데 쓰는 연장.
• 凶年(흉년) : 농작물이 잘되지 않은 해. 반 豊年(풍년)

計 셀 계　器 그릇 기　年 해 년　豊 풍년 풍

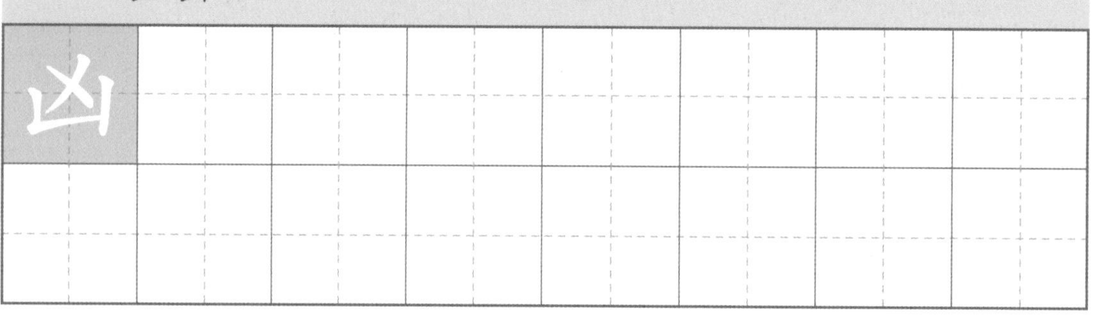

훈 검을 음 흑

검은빛, 어둡다

黑(검을 흑)부, ⓪ 12획

반 白 흰 백

상형자 위쪽을 검게 그을리고 밑에서는 불길이 오르는 모양으로, '검다'를 뜻한다.

• 黑白(흑백) : 검은빛과 흰빛. 옳고 그름. 善惡(선악).
• 黑心(흑심) : 검은 마음. 음흉하고 부정한 마음.
• 黑字(흑자) : 수입이 많아 생기는 이익. 검은 글자. 반 赤字(적자)

白 흰 백　善 착할 선　惡 악할 악, 미워할 오　字 글자 자　赤 붉을 적

[제4회] 한자능력검정시험 5급 예상 문제

문 항 수 : 100문항
합격문항 : 70문항
제한시간 : 50분

1. 다음 밑줄 친 漢字語의 讀音을 쓰세요.(1~35)

1 우리 고유의 傳來 동화를 어린이에게 읽힙시다. [ ]

2 북한산에 오르니 서울 시내가 한눈에 展開되었다. [ ]

3 물자를 節約하여 생활을 간소화합시다. [ ]

4 사건의 진상이 一切 비밀에 가려져 있다. [ ]

5 우리 商店에서는 과일만 전문으로 판매합니다. [ ]

6 남산에 오르면 한강의 아름다운 情景이 내려다보인다. [ ]

7 학교 앞에서 차를 停止시켰다. [ ]

8 환경 오염 실태를 調査하고 있습니다. [ ]

9 빙판길에 미끄러우니 操心해서 다녀오거라. [ ]

10 나는 올해 중학교를 卒業했습니다. [ ]

11 도서관에는 여러 種類의 책들이 있습니다. [ ]

12 이것으로써 오늘의 청소를 終結하겠습니다. [ ]

13 당신은 물건을 훔쳤으니 罪名은 절도죄에 해당합니다. [ ]

14 할머니가 돌아가신 지 3週年이 되었습니다. [ ]

15 폭넓은 知識을 쌓기 위해 책을 열심히 읽습니다. [ ]

16 오락실에 갔다오자 아버지께서 크게 質責하셨습니다. [ ]

17 비행기가 활주로에 안전하게 着陸하였습니다. [ ]

18 당신의 의견을 參考하여 일을 처리하겠습니다. [ ]

19 내가 先唱하면 여러분은 따라 부르십시오. [ ]

20 어머니께서 늦게 돌아왔다고 責望하였다. [ ]

21 투구를 쓰고 鐵甲을 두른 장수. [ ]

22 이번 산행은 初行이므로 조심해야 합니다. [ ]

23 우리 선수들이 最上의 컨디션으로 잘 싸우고 있습니다. [ ]

24 많은 사람들의 祝福 속에 결혼식을 올렸다. [ ]

25 수해 복구를 위해 몇 사람을 더 充員했으면 합니다. [ ]

26 구제역이 발생하여 축산 농가에 致命的인 손실을 입혔다. [ ]

27 교통 법규 規則을 철저히 지키도록 합시다. [ ]

28 왼손잡이 4번 打者에게 관중들은 기대를 걸고 있습니다. [ ]

29 춥고 배고프면 他鄕에서의 설움은 더욱 심합니다. [ ]

30 오늘 안으로 주문하신 물건을 宅配하겠습니다. [ ]

31 공부를 게을리하면 敗北者자 되기 십상입니다. [ ]

32 인간의 品格이 떨어지는 상스런 언사를 삼가합시다. [ ]

33 한자를 써야 할 때는 筆順에 맞게 써야 합니다. [ ]

34 지난 寒食날에 할아버지 묘소를 다녀왔습니다. [ ]

35 더 많은 效果를 얻기 위해 전단지를 만들기로 하였다. [ ]

2. 다음 漢字의 訓과 音을 쓰세요.(36~58)

例 字 → 글자 자

36 典 [ ] 37 操 [ ] 38 種 [ ]

39 週 [ ] 40 質 [ ] 41 唱 [ ]

42 責 [ ] 43 鐵 [ ] 44 最 [ ]

45 祝 [ ]	46 充 [ ]	47 致 [ ]
48 則 [ ]	49 板 [ ]	50 品 [ ]
51 必 [ ]	52 筆 [ ]	53 許 [ ]
54 湖 [ ]	55 化 [ ]	56 效 [ ]
57 傳 [ ]	58 展 [ ]	

3. 다음 밑줄 친 漢字語를 漢字로 쓰세요.(59~73)

59 병원비 때문에 패물을 전당 잡혀 돈을 빌렸다. [ ]

60 건강이 얼마나 중요한지 뼈저리게 절감했다. [ ]

61 이민을 가는 친구를 위해 정표로써 태극기를 주었다. [ ]

62 지구의 공전 주기는 365일이다. [ ]

63 어린이의 지능을 계발하기 위한 새 프로그램입니다. [ ]

64 상처 부위를 붕대로 묶어 지혈을 했다. [ ]

65 학생들은 선생님께 궁금한 점을 질문했다. [ ]

66 이번 행사에 여러분의 많은 참가를 바랍니다. [ ]

67 사회적으로 훌륭한 선생님께서 타계하셨습니다. [ ]

68 여러분의 뛰어난 탁견을 기대해 보겠습니다. [ ]

69 생물체를 구성하는 원소를 탄소(기호 C)라 합니다. [ ]

70 토끼집을 짓기 위해 목공소에서 판자를 구해 왔다. [ ]

71 이 책은 여러분이 꼭 읽어야 할 필독 도서입니다. [ ]

72 아름다운 우리의 산하, 팔도강산. [ ]

73 집을 새로 지을 수 있도록 허가해 주십시오. [ ]

4. 다음 訓과 音에 맞는 漢字를 쓰세요.(74~78)

74 가게 점 [ ]　75 허물 죄 [ ]　76 높을 탁 [ ]

77 근심 환 [ ]　78 검을 흑 [ ]

5. 다음 漢字와 뜻이 反對 또는 相對 되는 한자를 쓰세요.(79~81)

79 始 ↔ [ ]　80 着 ↔ [ ]　81 打 ↔ [ ]

6. 다음 ( ) 안에 들어갈 가장 잘 어울리는 漢字語를 〈例〉에서 찾아 그 번호를 써서 漢字語를 만드세요.(82~85)

例				
	① 知足	② 功言	③ 之石	④ 知石
	⑤ 寸鐵	⑥ 公論	⑦ 村哲	⑧ 知族

82 卓上( )　83 ( )者富

84 他山( )　85 ( )殺人

7. 다음 漢字와 뜻이 같거나 뜻이 비슷한 漢字를 〈例〉에서 찾아 그 번호를 쓰세요.(86~88)

例						
	① 停	② 海	③ 與	④ 出	⑤ 冷	⑥ 不

86 寒 [ ]　87 參 [ ]　88 止 [ ]

8. 다음 漢字와 音이 같은데 뜻이 다른 漢字를 〈例〉에서 찾아 그 번호를 쓰세요.(89~91)

例						
	① 打	② 傳	③ 筆	④ 投	⑤ 開	⑥ 順

89 必 [ ]　90 他 [ ]　91 展 [ ]

9. 다음 뜻풀이에 맞는 漢字語를 〈例〉에서 찾아 그 번호를 쓰세요.(92~94)

例			
	① 湖水	② 害惡	③ 豊年
	④ 河口	⑤ 害毒	⑥ 凶年

92 농작물이 잘 되지 않은 해. [ ]

93 큰 못. 육지로 둘러싸여 물이 괸 곳. [ ]

94 해가 되는 나쁜 일. 남을 해하는 악행. [ ]

10. 다음 漢字의 略字(약자 : 획수를 줄인 漢字)를 쓰세요.(95~97)

例	體 → 体

95 傳 [ ] 96 鐵 [ ] 97 參 [ ]

11. 다음 漢字의 진하게 표시한 획은 몇 번째 쓰는지 〈例〉에서 찾아 그 번호를 쓰세요.(98~100)

例				
	① 첫 번째	② 두 번째	③ 세 번째	④ 네 번째
	⑤ 다섯 번째	⑥ 여섯 번째	⑦ 일곱 번째	⑧ 여덟 번째

98 典 [ ] 99 罪 [ ] 100 他 [ ]

부록

보충 학습

약자 일람표

사자성어

부수 익히기

5급 배정 한자 200자

한자능력검정시험 안내

한자능력검정시험 5급 실전 문제

한자능력검정시험 5급 예상 문제 및 실전 문제-답안지

한자능력검정시험 5급 예상 문제 및 실전 문제-정답

5급 배정 한자 200자 찾아보기

보충 학습

1 뜻이 서로 반대 또는 상대 되는 한자

加 더할 가	↔	減 덜 감	可 옳을 가	↔	否 아닐 부
干 방패 간	↔	戈 창 과	甘 달 감	↔	苦 쓸 고
江 강 강	↔	山 메 산	強 강할 강	↔	弱 약할 약
開 열 개	↔	閉 닫을 폐	去 갈 거	↔	來 올 래
輕 가벼울 경	↔	重 무거울 중	京 서울 경	↔	鄕 시골 향
高 높을 고	↔	低 낮을 저	曲 굽을 곡	↔	直 곧을 직
功 공 공	↔	過 허물 과	公 공평할 공	↔	私 사사 사
攻 칠 공	↔	防 막을 방	君 임금 군	↔	臣 신하 신
近 가까울 근	↔	遠 멀 원	及 미칠 급	↔	落 떨어질 락
起 일어날 기	↔	伏 엎드릴 복	吉 길할 길	↔	凶 흉할 흉
南 남녘 남	↔	北 북녘 북	男 사내 남	↔	女 계집 녀
內 안 내	↔	外 바깥 외	多 많을 다	↔	少 적을 소
斷 끊을 단	↔	續 이을 속	單 홑 단	↔	複 겹칠 복
當 마땅 당	↔	落 떨어질 락	大 큰 대	↔	小 작을 소

冬 겨울 동 ↔ 夏 여름 하
得 얻을 득 ↔ 失 잃을 실
老 늙을 로 ↔ 少 적을 소
陸 뭍 륙 ↔ 海 바다 해
末 끝 말 ↔ 初 처음 초
明 밝을 명 ↔ 暗 어두울 암
發 필 발 ↔ 着 붙을 착
貧 가난할 빈 ↔ 富 부자 부
死 죽을 사 ↔ 生·活 날 생 / 살 활
上 윗 상 ↔ 下 아래 하
善 착할 선 ↔ 惡 악할 악
水 물 수 ↔ 火 불 화
勝 이길 승 ↔ 敗 패할 패
新 새 신 ↔ 舊 예 구
安 편안 안 ↔ 危 위태할 위
東 동녘 동 ↔ 西 서녘 서
來 올 래 ↔ 往 갈 왕
勞 일할 로 ↔ 使 하여금/부릴 사
利 이할 리 ↔ 害 해할 해
賣 팔 매 ↔ 買 살 매
問 물을 문 ↔ 答 대답 답
父 아비 부 ↔ 母 어미 모
氷 얼음 빙 ↔ 炭 숯 탄
賞 상줄 상 ↔ 罰 벌할 벌
先 먼저 선 ↔ 後 뒤 후
成 이룰 성 ↔ 敗 패할 패
手 손 수 ↔ 足 발 족
始 비로소 시 ↔ 末·終 끝 말 · 마칠 종
心 마음 심 ↔ 身 몸 신
溫 따뜻할 온 ↔ 冷 찰 랭

王(임금 왕) ↔ 民(백성민)

恩(은혜 은) ↔ 怨(원망할 원)

異(다를 이) ↔ 同(한가지 동)

自(스스로 자) ↔ 他(다를 타)

前(앞 전) ↔ 後(뒤 후)

朝(아침 조) ↔ 夕(저녁 석)

左(왼 좌) ↔ 右(오를/오른 우)

主(주인 주) ↔ 客(손 객)

眞(참 진) ↔ 假(거짓 가)

天(하늘 천) ↔ 地(따(땅) 지)

學(배울 학) ↔ 敎(가르칠 교)

兄(형 형) ↔ 弟(아우 제)

喜(기쁠 희) ↔ 怒(성낼 노)

有(있을 유) ↔ 無(없을 무)

陰(그늘 음) ↔ 陽(볕 양)

日(날 일) ↔ 月(달 월)

長(긴 장) ↔ 短(짧을 단)

正(바를 정) ↔ 誤(그르칠 오)

祖(할아비 조) ↔ 孫(손자 손)

晝(낮 주) ↔ 夜(밤 야)

進(나아갈 진) ↔ 退(물러날 퇴)

集(모을 집) ↔ 配(나눌 배)

春(봄 춘) ↔ 秋(가을 추)

寒(찰 한) ↔ 暖(따뜻할 난)

黑(검을 흑) ↔ 白(흰 백)

2 뜻이 서로 같거나 비슷한 한자(동의어)

家(집 가) = 屋·宅(집 옥 · 집 택)

歌(노래 가) = 謠(노래 요)

監 볼 감	=	視 볼 시	巨 클 거	=	大 큰 대
居 살 거	=	住 살 주	競 지경 경	=	界 지경 계
計 셀 계	=	算 셈 산	繼 이을 계	=	續 이을 속
考 생각할 고	=	慮 생각할 려	空 빌 공	=	虛 빌 허
攻 칠 공	=	擊 칠 격	果 실과 과	=	實 열매 실
敎 가르칠 교	=	訓 가르칠 훈	具 갖출 구	=	備 갖출 비
技 재주 기	=	術 재주 술	年 해 년	=	歲 해 세
斷 끊을 단	=	絶 끊을 절	談 말씀 담	=	話 말씀 화
到 이를 도	=	着 붙을 착	徒 무리 도	=	黨 무리 당
道 길 도	=	路 길 로	圖 그림 도	=	畫 그림 화
文 글월 문	=	章 글 장	法 법 법	=	式 법 식
報 알릴 보	=	告 고할 고	思 생각 사	=	念 생각 념
選 가릴 선	=	擇 가릴 택	樹 나무 수	=	木 나무 목
始 비로소 시	=	初 처음 초	身 몸 신	=	體 몸 체
心 마음 심	=	情 뜻 정	眼 눈 안	=	目 눈 목

言 말씀 언	=	語 말씀 어	研 연구할 연	=	究 연구할 구
溫 따뜻할 온	=	暖 따뜻할 난	音 소리 음	=	聲 소리 성
議 의논할 의	=	論 논할 논	衣 옷 의	=	服 옷 복
貯 쌓을 저	=	蓄 쌓을 축	戰 싸움 전	=	爭 다툴 쟁
帝 임금 제	=	王 임금 왕	製 지을 제	=	造 지을 조
終 마칠 종	=	止 그칠 지	住 살 주	=	居 살 거
增 더할 증	=	加 더할 가	知 알 지	=	識 알 식
聽 들을 청	=	聞 들을 문	打 칠 타	=	擊 칠 격
寒 찰 한	=	冷 찰 랭	希 바랄 희	=	望 바랄 망

3 동자이음(同字異音)

한 글자가 두 개 이상의 음을 함께 가지는 경우를 말한다.

한자	뜻	음	예
降	내릴	강	降雨(강우) 昇降(승강)
	항복할	항	降伏(항복) 投降(투항)
更	다시	갱	更生(갱생) 更紙(갱지)
	고칠	경	更張(경장) 三更(삼경)
車	수레	거	車馬(거마) 自轉車(자전거)
	수레	차	車票(차표) 馬車(마차)
見	볼	견	見聞(견문) 一見(일견)
	뵈올	현	謁見(알현) 露見(노현)

한자	뜻	음	예
金	쇠	금	金品(금품) 賞金(상금)
	성	김	金氏(김씨) 金浦(김포:地名)
度	법도	도	度數(도수) 年度(연도)
	헤아릴	탁	度支部(탁지부)
洞	골	동	洞里(동리)
	밝을	통	洞察(통찰) 洞燭(통촉)
復	회복할	복	光復(광복) 回復(회복)
	다시	부	復活(부활) 復興(부흥)
不	아닐	불	不能(불능) 不遇(불우)
	아닐	부	不動産(부동산)
索	찾을	색	索引(색인) 思索(사색)
	노	삭	索莫(삭막) 索道(삭도)
省	살필	성	省墓(성묘) 反省(반성)
	덜	생	省略(생략) 省力(생력)
殺	죽일	살	殺生(살생) 射殺(사살)
	감할/빠를	쇄	殺到(쇄도) 相殺(상쇄)
識	알	식	知識(지식) 識見(식견)
	기록할	지	標識(표지)

한자	뜻	음	예
茶	차	다	茶菓(다과)
	차	차	茶禮(차례) 葉茶(엽차)
讀	읽을	독	讀書(독서) 耽讀(탐독)
	구절	두	吏讀(이두) 句讀(구두)
樂	즐길	락	苦樂(고락) 樂園(낙원)
	노래	악	樂聖(악성) 音樂(음악)
	좋아할	요	樂山樂水(요산요수)
北	북녘	북	北進(북진) 南北(남북)
	달아날	배	敗北(패배)
塞	막힐	색	塞源(색원) 閉塞(폐색)
	변방	새	塞翁之馬(새옹지마)
說	말씀	설	說得(설득) 學說(학설)
	달랠	세	說客(세객) 遊說(유세)
宿	잘	숙	宿泊(숙박) 露宿(노숙)
	별자리	수	星宿(성수)
狀	형상	상	狀況(상황) 狀態(상태)
	문서	장	狀啓(장계) 賞狀(상장)
拾	주을	습	拾得(습득) 收拾(수습)
	열	십	拾萬(십만) 五拾(오십)

惡
악할 악 惡漢(악한) 懲惡(징악)
미워할 오 惡寒(오한) 憎惡(증오)

若
같을 약 若干(약간)
반야 야 般若(반야)

刺
찌를 자 刺戟(자극) 諷刺(풍자)
찌를 척 刺殺(척살)
수라 라 水刺(수라)

切
끊을 절 切迫(절박) 親切(친절)
온통 체 一切(일체)

辰
별 진 辰時(진시) 日辰(일진)
때 신 生辰(생신) 星辰(성신)

參
참여할 참 參席(참석) 參加(참가)
석 삼 參星(삼성)
三三五五(삼삼오오)

則
법칙 칙 反則(반칙) 規則(규칙)
곧 즉 然則(연즉)

沈
잠길 침 沈沒(침몰) 擊沈(격침)
성(姓) 심 沈氏(심씨)

便
편할 편 便利(편리) 郵便(우편)
똥오줌 변 便所(변소) 小便(소변)

布
베 포 布木(포목)
펼 포 宣布(선포)
보시 보 布施(보시)

暴
사나울 폭 暴動(폭동) 亂暴(난폭)
모질 포 暴惡(포악) 橫暴(횡포)

行
다닐 행 行樂(행락) 決行(결행)
항렬 항 行列(항렬) 叔行(숙항)

4 두음법칙(頭音法則)

첫소리가 'ㄴ'이나 'ㄹ'인 한자가 단어의 첫머리에 올 때 독음이 'ㅇ'이나 'ㄴ'으로 바뀌는 것을 말한다.

①'ㄹ'이 'ㄴ'으로 바뀌는 경우

樂 즐길 락
快樂(쾌락) : 기분이 좋고 즐거움.
樂園(낙원) : 걱정 없이 즐거운 곳.

浪 물결 랑
放浪(방랑) : 정처 없이 떠돌아다님.
浪說(낭설) : 터무니없는 헛소문.

廊 사랑채/행랑 랑

行廊(행랑) : 대문 양쪽으로 있는 방.

廊底(낭저) : 대문간에 붙어 있는 방.

露 이슬 로

白露(백로) : 흰 이슬.

露出(노출) : 밖으로 드러나거나 드러냄.

老 늙을 로

年老(연로) : 나이가 많음.

老年(노년) : 늙은 나이.

綠 푸를 록

草綠(초록) : 풀빛. 초록빛. 초록색.

綠水(녹수) : 푸른 물.

路 길 로

道路(도로) : 사람이나 차가 다니는 큰 길.

路上(노상) : 길 위. 길 가는 도중.

爐 화로 로

火爐(화로) : 숯불을 담아 두는 그릇.

爐邊(노변) : 화롯가. 난롯가.

祿 녹 록

國祿(국록) : 나라에서 주는 녹봉.

祿俸(녹봉) : 관리들에게 주는 봉급.

來 올 래

外來(외래) : 외부로부터 들어옴.

來日(내일) : 오늘의 바로 다음 날.

②'ㄹ'이 'ㅇ'으로 바뀌는 경우

力 힘 력

重力(중력) : 지구 중심으로 끌어당기는 힘.

力不足(역부족) : 힘이 모자람.

例 법식 례

事例(사례) : 일의 실제 본보기.

例外(예외) : 보통의 예에서 벗어난 일.

里 마을 리

洞里(동리) : 마을.

里長(이장) : 마을 일을 책임지는 사람.

林 수풀 림

山林(산림) : 산과 숲. 산에 있는 숲.

林業(임업) : 숲을 이용해 하는 사업.

禮 예도 례

答禮(답례) : 인사에 답하여 인사를 함.

禮服(예복) : 예식 때 입는 옷.

李 오얏/성 리

桃李(도리) : 복숭아와 자두.

李花(이화) : 자두나무의 꽃.

理 다스릴 리

道理(도리) : 사람이 지켜야 할 바른 길.

理由(이유) : 까닭. 사유.

立 설 립

自立(자립) : 자기의 힘으로 해 나감.

立法(입법) : 법률을 제정함.

慮 생각할 려

憂慮(우려) : 잘못되지 않을까 걱정하는 것.
慮後(여후) : 장래에 대하여 염려함.

臨 임할 림

君臨(군림) : 임금이 나라를 다스리는 것.
臨戰(임전) : 전장에 나아감.

③ 'ㄴ'이 'ㅇ'으로 바뀌는 경우

女 계집 녀

子女(자녀) : 아들과 딸.
女人(여인) : 어른이 된 여자.

年 해 년

每年(매년) : 해마다.
年老(연로) : 나이가 많음.

念 생각 념

理念(이념) : 이상적인 것으로 여겨지는 생각이나 견해.
念願(염원) : 늘 생각하고 간절히 바람.

5 모양이 비슷한 한자

모양이 비슷해서 틀리기 쉬운 한자

干	방패	간	干戈(간과)
于	어조사	우	于今(우금)
功	공	공	成功(성공)
巧	공교할	교	巧妙(교묘)
代	대신	대	代身(대신)
伐	칠	벌	討伐(토벌)
削	깎을	삭	削除(삭제)
消	사라질	소	消費(소비)
俗	풍습	속	風俗(풍속)
裕	넉넉할	유	餘裕(여유)
材	재목	재	材料(재료)
村	마을	촌	村落(촌락)
衝	찌를	충	衝突(충돌)
衡	저울대	형	均衡(균형)
閉	닫을	폐	閉門(폐문)
閑	한가할	한	閑暇(한가)

徑 지름길/길 경 徑路(경로)
經 지날/글 경 經由(경유)
輕 가벼울 경 輕妄(경망)

京 서울 경 京鄕(경향)
哀 슬플 애 悲哀(비애)

衷 정성 충 衷情(충정)
衰 쇠할 쇠 衰弱(쇠약)

列 벌릴 렬 羅列(나열)
裂 찢어질 렬 分裂(분열)
烈 매울 렬 猛烈(맹렬)

劍 칼 검 劍道(검도)
儉 검소할 검 儉素(검소)
檢 검사할 검 檢査(검사)
險 험할 험 險路(험로)

仰 우러를 앙 信仰(신앙)
抑 누를 억 抑壓(억압)
迎 맞을 영 歡迎(환영)

疾 병 질 疾患(질환)
疲 피곤할 피 疲困(피곤)

緣 인연 연 因緣(인연)
綠 푸를 록 綠色(녹색)
錄 기록할 록 記錄(기록)

援 도울 원 援助(원조)
暖 따뜻할 난 暖房(난방)

栽 심을 재 栽培(재배)
裁 옷마를 재 裁斷(재단)
載 실을 재 積載(적재)

倍 곱 배 倍數(배수)
培 북돋울 배 培養(배양)

僧 중 승 僧侶(승려)
增 더할 증 增産(증산)
憎 미울 증 愛憎(애증)

義 옳을 의 正義(정의)
儀 거동 의 儀式(의식)
議 의논할 의 論議(논의)

侍 모실 시 侍從(시종)
待 기다릴 대 待機(대기)
持 가질 지 所持(소지)
特 특별할 특 特別(특별)

약자(略字)일람표

한자	훈과 음		약자
價	값	가	価
擧	들	거	挙
輕	가벼울	경	軽
關	관계할	관	関
觀	볼	관	観
廣	넓을	광	広
舊	예	구	旧
區	구분할/지경	구	区
國	나라	국	国
氣	기운	기	気
團	둥글	단	団
當	마땅	당	当
對	대할	대	対
圖	그림	도	図
獨	홀로	독	独
讀	읽을	독	読
樂	즐길	락	楽
來	올	래	来
禮	예도	례	礼

한자	훈과 음		약자
萬	일만	만	万
賣	팔	매	売
發	필	발	発
寫	베낄	사	写
數	셈	수	数
實	열매	실	実
兒	아이	아	児
惡	악할	악	悪
醫	의원	의	医
爭	다툴	쟁	争
傳	전할	전	伝
戰	싸움	전	战
參	참여할	참	参
鐵	쇠	철	鉄
體	몸	체	体
學	배울	학	学
號	이름	호	号
畫	그림	화	画
會	모일	회	会

사자성어(四字成語)

格物致知 (격물치지) : 실제 사물의 이치를 연구하여 지식을 완전하게 함.

見物生心 (견물생심) : 물건을 보면 그것을 가지고 싶은 욕심이 생김.

結者解之 (결자해지) : '일을 맺은 사람이 풀어야 한다' 는 뜻으로, 일을 저지른 사람이 그 일을 해결해야 한다는 말.

結草報恩 (결초보은) : '풀포기를 묶어 은혜를 갚는다' 는 뜻으로, 죽어 혼령이 되어서라도 은혜를 잊지 않고 갚음.

敬老孝親 (경로효친) : 어른을 공경하고 부모에게 효도함.

敬天愛人 (경천애인) : 하늘을 공경하고 사람을 사랑함.

古今東西 (고금동서) : '예와 지금, 그리고 동쪽과 서쪽' 이라는 뜻으로, 때와 지역을 통틀어 일컫는 말.

高聲放歌 (고성방가) : 큰소리로 마구 떠들고 노래를 부름.

公明正大 (공명정대) : 마음이 공평하고 사심이 없으며 밝고 큼.

教學相長 (교학상장) : '가르침과 배움이 서로 진보시켜 준다' 는 뜻으로, 가르치면서 배우고 배우는 자에게서도 가르침을 받는다는 뜻.

九死一生 (구사일생) : '아홉 번 죽을 뻔하다 한 번 살아난다' 는 뜻으로, 여러 차례 죽을 고비를 넘기고 간신히 살아남.

九牛一毛 (구우일모) : '여러 마리 소의 많은 털 중에서 한 가닥의 털' 이란 뜻으로, 대단히 많은 것 중의 아주 적은 것.

口耳之學 (구이지학) : 남에게서 들은 것을 그대로 남에게 전할 정도밖에 되지 않는 천박한 학문. 곧 자기 것으로 만들지 못하는 학문.

國利民福 (국리민복) : 나라의 이익과 국민의 행복.

金石之交 (금석지교) : '쇠와 돌의 사귐' 이란 뜻으로, 쇠와 돌처럼 변함없는 굳은 사귐.

今始(時)初聞 (금시초문) : 어떤 이야기를 이제야 처음 듣는 것.

起死回生 (기사회생) : '죽음에서 삶을 회복하다' 라는 뜻으로, 절망적인 상태에서 다시 살아남.

사자성어란 네 자의 한자(漢字)가 합하여 한 뜻을 이룬 말.

落花流水 (낙화유수) : '떨어지는 꽃잎과 흐르는 물' 이라는 뜻으로, 가는 봄의 경치를 나타낸 말.

論功行賞 (논공행상) : '공을 따져 상을 주다' 라는 뜻으로, 공이 있고 없음이나 크고 작음을 따져 거기에 알맞은 상을 줌.

能小能大 (능소능대) : 크고 작은 모든 일에 두루 능함. 남들과 사귀는 수완이 능함.

多情多感 (다정다감) : '정이 많고 느낌이 많다' 는 뜻으로, 생각과 느낌이 섬세하고 풍부함을 이르는 말.

大同團結 (대동단결) : 많은 사람, 또는 여러 당파가 큰 덩어리로 뭉쳐 단결함을 이르는 말.

大同小異 (대동소이) : '크게 보면 같고 작게 보면 다르다' 는 뜻으로, 큰 차이가 없이 거의 같고 조금 다르다는 말.

大書特筆 (대서특필) : '뚜렷이 드러나게 큰 글씨로 쓰다' 라는 뜻으로, 누구나 알게 크게 여론화함.

大義名分 (대의명분) : 사람으로서 마땅히 지켜야 할 중대한 의리와 명분.

東問西答 (동문서답) : '동쪽 물음에 서쪽 답을 한다' 는 뜻으로, 묻는 말에 엉뚱한 대답을 함.

登龍門 (등용문) : '용문에 오르다' 는 뜻으로, 입신 출세에 연결되는 어려운 관문이나 운명을 결정짓는 중요한 시험에 비유함.

馬耳東風 (마이동풍) : 다른 사람의 말을 전혀 귀담아 듣지 않고 흘려버림.

萬古江山 (만고강산) : 오랜 세월 동안 변함이 없는 산천.

萬古不變 (만고불변) : 오랜 세월을 두고 변하지 않음.

萬里同風 (만리동풍) : '만리나 떨어진 먼 곳까지 같은 바람이 분다' 는 뜻으로, 세상이 태평함을 이르는 말.

目不識丁 (목불식정) : '알기 쉬운 고무래 丁(정) 자도 알아보지 못한다' 는 뜻으로, 글자를 전혀 모르거나 그런 사람을 비유함.

目不忍見 (목불인견) : 차마 눈으로 볼 수 없을 정도로 딱하거나 참혹한 상황.

文房四友 (문방사우) : '글방의 네 가지 벗' 이란 뜻으로, 서재에 갖추어야 할 종이, 붓, 먹, 벼루를 일컬음.

聞一知十 (문일지십) : '한 가지를 들으면 열 가지를 미루어 안다' 는 뜻으로, 지극히 총명함을 이르는 말.

門前成市 (문전성시) : '문 앞이 저자를 이룬다' 는 뜻으로, 찾아오는 사람이 많음을 일컫는 말.

美風良俗 (미풍양속) : 예로부터 전해지는 아름답고 좋은 풍속.

百年大計 (백년대계) : '백 년의 큰 계획' 이란 뜻으로, 먼 장래를 내다보는 원대한 계획.

百年河清 (백년하청) : '백 년을 기다려도 황하(黃河)의 물은 맑아지지 않는다' 는 뜻으로, 아무리 오랫동안 기다려도 바라는 것이 이루어질 수 없음을 이르는 말.

白面書生 (백면서생) : '희고 고운 얼굴에 글만 읽는 사람' 이란 뜻으로, 세상일에 조금도 경험이 없는 사람.

百發百中 (백발백중) : '백 번 쏘아 백 번 맞추다' 라는 뜻으로, 총이나 활을 쏘면 어김없이 맞음. 또는 예상한 일이 쏙 들어맞음. 하는 일마다 실패없이 잘됨을 이르는 말.

兵家常事 (병가상사) : '전쟁에서 흔히 있는 일' 이란 뜻으로, 전쟁에서 이기고 지는 일은 흔한 일이므로, 지더라도 낙담하지 말라는 뜻.

不問可知 (불문가지) : 묻지 않아도 능히 알 수 있음.

不問曲直 (불문곡직) : 일의 옳고 그름을 묻지 않음.

四面春風 (사면춘풍) : '사면이 봄바람' 이라는 뜻으로, 언제 어떠한 경우라도 좋은 낯으로만 남을 대함을 이르는 말.

山高水長 (산고수장) : '산은 높고 물은 유유히 흐른다' 라는 뜻으로, 군자의 덕이 높고 큼을 일컫는 말.

山戰水戰 (산전수전) : '산에서의 싸움과 물에서의 싸움' 이라는 뜻으로, 세상의 온갖 고난을 다 겪어 세상일에 경험이 많음.

三寸之舌 (삼촌지설) : '세 치 혀' 란 뜻으로, 세 치 길이밖에 안 되는 사람의 짧은 혀.

相利共生 (상리공생) : 상호간에 이익을 얻고 서로 도우며 같이 삶.

速戰速決 (속전속결) : 일이나 싸움을 오래 끌지 않고 되도록 빨리 끝냄.

水魚之交 (수어지교) : '물과 물고기의 사귐' 이란 뜻으로, 서로 떨어질 수 없는 가까운 사이.

信賞必罰 (신상필벌) : '어김없이 상을 주고 꼭 벌을 준다' 는 뜻으로, 공이 있는 사람은 반드시 상을 주고, 죄를 범한 사람은 반드시 벌을 주는 일.

身土不二 (신토불이) : '몸과 태어난 땅은 하나다' 라는 뜻으로, 자기 몸과 같은 땅에서 산출된 것이라야 체질에 잘 맞는다는 말.

實事求是 (실사구시) : '구체적인 사실에서 옳은 것을 구한다' 라는 뜻으로, 사실에 근거하여 사물의 진리나 진상을 탐구하는 일.

十年知己 (십년지기) : 오래 전부터 사귀어 온 친구.

安分知足 (안분지족) : 제 분수에 맞게 마음 편히 여기며 만족할 줄을 앎.

安貧樂道 (안빈낙도) : 가난한 생활 가운데서도 탐내지 않고 편안한 마음으로 도를 즐김.

愛人如己 (애인여기) : 남을 사랑하기를 제 몸같이 함.

良藥苦口 (양약고구) : '좋은 약은 입에 쓰다' 는 뜻으로, 바르게 충고하는 말은 귀에 거슬리지만 자기를 이롭게 한다는 말.

魚頭肉尾 (어두육미) : 생선 고기는 머리가, 짐승 고기는 꼬리 부분이 맛있다는 말.

漁父之利 (어부지리) : '어부의 이익' 이라는 뜻으로, 둘이 다투고 있는 사이에 엉뚱한 사람이 (어부가) 애쓰지 않고 이익을 얻게 됨을 이르는 말.

語不成說 (어불성설) : 말이 조금도 이치에 맞지 아니함.

言中有骨 (언중유골) : '말 속에 뼈가 있다' 는 뜻으로, 말의 외양은 예사롭고 순한 듯하나 단단한 뼈와 같은 속뜻이 있다는 말.

言行一致 (언행일치) : 말하는 것과 행동하는 것이 같다는 말.

溫故知新 (온고지신) : '옛 것을 익히고 새 것을 안다' 는 뜻으로, 옛 것을 앎으로써 그것을 통해 새로운 것을 찾아내는 일.

樂山樂水 (요산요수) : '산을 좋아하고 물을 좋아한다' 는 뜻으로, 산수(山水 : 자연)를 좋아함.

欲速不達 (욕속부달) : 일을 속히 하려고 하면 도리어 이루지 못함.

牛耳讀經 (우이독경) : '쇠귀에 경 읽기' 라는 뜻으로, 아무리 가르치고 일러주어도 알아듣지 못함의 비유.

有口無言 (유구무언) : '입은 있으나 할 말이 없다' 는 뜻으로, 변명의 여지가 없음.

類萬不同 (유만부동) : '종류가 만 가지이지만 동일하지 않다' 는 뜻으로, 여러 가지가 많이 있지만 서로 다름을 이르는 말.

有無相通 (유무상통) : '있는 것과 없는 것을 서로 보완하여 융통하다' 는 뜻으로, 서로 교역함.

有備無患 (유비무환) : 미리 준비되어 있으면 근심할 것이 없음.

有終之美 (유종지미) : '끝냄이 있는 아름다움' 으로, 시작한 일을 끝까지 잘하여 결과가 좋음.

以實直告 (이실직고) : 사실 그대로 고함.

以心傳心 (이심전심) : '마음에서 마음으로 전한다' 는 뜻으로, 말이나 글에 의하지 않고 마음에서 마음으로 전달됨. 뜻이 통함을 이르는 말.

一言之下 (일언지하) : 한 마디의 말로 능히 그 전체의 뜻을 다함.

一字無識 (일자무식) : 글자를 한 자도 모를 정도로 아주 무식함.

一字千金 (일자천금) : '글자 하나만으로 천금의 가치가 있다' 는 뜻으로, 아주 빼어난 글씨나 문장을 일컬음.

一長一短 (일장일단) : 장점도 있고 단점도 있음.

一場春夢 (일장춘몽) : '한바탕의 봄꿈' 이라는 뜻으로, 헛된 영화나 덧없는 인생을 비유한 말.

一朝一夕 (일조일석) : '하루 아침이나 하루 저녁' 이란 뜻으로, 짧은 시간을 일컬음.

自給自足 (자급자족) : 자기에게 필요한 것을 스스로 충분히 생산하여 씀.

自勝者強 (자승자강) : '스스로 이기는 자가 강하다' 라는 뜻으로, 자기 자신을 이기는 사람만이 이 세상에서 가장 강한 사람이라는 말.

自業自得 (자업자득) : 자기가 저지른 일의 과오(잘못)를 스스로 얻는다는 말.

自中之亂 (자중지란) : 자기네 패거리들끼리 일어나는 싸움질.

自畫自讚 (자화자찬) : '자기가 그린 그림을 자기 스스로 칭찬한다' 는 뜻으로, 자기가 한 일을 자기 스스로 자랑함.

作心三日 (작심삼일) : '품은 마음이 삼일을 못 간다' 는 뜻으로, 결심이 굳지 못함을 일컬음.

電光石火 (전광석화) : '번개나 부싯돌의 불꽃' 이라는 뜻으로, 짧은 시간이나 신속한 동작을 이르는 말.

前代未聞 (전대미문) : '지금까지 들어본 적이 없다' 는 뜻으로, 매우 놀라운 일이나 새로운 것을 두고 일컫는 말.

前無後無 (전무후무) : 전에도 없었고 앞으로도 있을 수 없음.

全知全能 (전지전능) : 모든 일을 다 알고 모든 일을 다 할 수 있음.

正正堂堂 (정정당당) : 태도나 수단이 공정하고 떳떳함. 공명정대(公明正大)한 모습의 형용.

朝變夕改 (조변석개) : '아침저녁으로 뜯어 고친다' 는 뜻으로, 계획이나 결정 따위를 자주 뜯어 고침을 이르는 말.

存亡之秋 (존망지추) : 존재하느냐 멸망하느냐의 매우 위급한 상황.

左之右之 (좌지우지) : '왼편으로 놓았다가 오른편에 놓았다' 하는 것으로, 자기 마음대로 남을 다루는 것을 뜻함.

竹馬故友 (죽마고우) : '대나무로 만든 목마를 타고 놀던 옛 친구' 라는 뜻으로, 어릴 때부터 가까이 지내며 자란 친구를 일컬음.

至誠感天 (지성감천) : '정성이 지극하면 하늘도 감동한다' 는 뜻으로, 지극한 정성으로 하면 어려운 일도 이루어지고 풀림.

知足者富 (지족자부) : '만족할 줄 아는 자가 부자이다' 라는 뜻으로, 비록 가난하지만 만족할 줄 아는 사람은 정신적으로 부유함을 이르는 말.

天災地變 (천재지변) : 지진이나 홍수, 태풍 등과 같이 자연 현상으로 빚어지는 큰 난리.

天地神明 (천지신명) : 민속에서 세상을 맡아 다스린다는 여러 신령.

青山流水 (청산유수) : '푸른 산과 흐르는 물' 이라는 뜻으로, 막힘없이 썩 잘하는 말의 비유.

青雲之志 (청운지지) : '청운의 뜻' 이란 뜻으로, 고결하여 속세를 벗어나고 싶은 마음을 이르는 말.

靑天白日 (청천백일) : '맑게 갠 하늘에서 밝게 비치는 해' 란 뜻으로, 환하게 밝은 대낮. 또는 죄의 혐의가 모두 풀려 결백함을 이르는 말.

淸風明月 (청풍명월) : '맑은 바람과 밝은 달' 이란 뜻으로, 초가을 밤의 싱그러운 느낌. 결백하고 온건한 성격. 풍자와 해학으로 세상사를 논함의 비유.

秋風落葉 (추풍낙엽) : '가을 바람에 흩어져 떨어지는 낙엽' 이라는 뜻으로, 낙엽처럼 세력 같은 것이 시들어 우수수 떨어짐의 비유.

春秋筆法 (춘추필법) : '「춘추」에 더 쓰고 지우는 비판 방법' 이라는 뜻으로, 대의 명분을 밝혀 세우는 역사의 논법. 곧 공정한 태도로 준엄하게 비판하는 것을 이르는 말.

春風秋雨 (춘풍추우) : '봄바람과 가을비' 라는 뜻으로, 지나간 세월을 일컬음.

他山之石 (타산지석) : '남의 산에 있는 하찮은 돌도 자기의 옥(玉)을 가는 데 쓰인다' 는 뜻으로, 다른 사람의 하찮은 언행일지라도 자기의 지식이나 인격을 닦는 데 도움이 된다는 말.

八方美人 (팔방미인) : '어느 모로 보다 아름다운 미인' 이라는 뜻으로, 여러 방면에 능통한 사람.

敗家亡身 (패가망신) : 집안의 재산을 다 써 없애고 신세를 망침.

下學上達 (하학상달) : '밑에서부터 차츰 배워 위에까지 도달한다' 는 뜻으로, 쉬운 주변에서부터 배우기 시작하여 깊고 어려운 것을 깨달음.

學而時習 (학이시습) : 배우고 때로 익힌다는 뜻으로, 배운 것을 복습하고 연습하면 그 참 뜻을 알게 됨.

行雲流水 (행운유수) : '떠가는 구름과 흐르는 물' 이란 뜻으로, 일처리가 막힘이 없거나 마음씨가 시원하고 씩씩함. 또는 어떤 것에도 구애됨이 없는 자유로운 삶의 비유.

弘益人間 (홍익인간) : '널리 인간을 이롭게 함' 이란 뜻으로, 「삼국유사」에 나오는 단군의 건국 이념으로 우리나라 정치, 교육의 기본 정신.

喜怒哀樂 (희로애락) : '기쁨과 노여움과 슬픔과 즐거움' 이라는 뜻으로, 인간이 갖고 있는 온갖 감정을 이르는 말.

부수(部首)익히기

一 (한일)部 : 지사자

손가락 하나. 선을 옆으로 그어 하나의 수를 가리킨다. 셈의 시작. 첫째라는 의미뿐만 아니라 '모두를 하나로(一) 모아 묶는다' 는 뜻도 있다.

丨 (뚫을곤)部 : 지사자

위에서 아래로 한 획을 그어 위와 아래를 관통한다는 뜻을 나타낸다.

丶 (점주)部 : 지사자

등불의 불꽃을 그린 글자. 丶자는 '점', '점을 찍다' 의 뜻을 지닌 글자로 단독으로는 쓰이지 않는다.

丿 (삐침별)部 : 상형자

오른쪽에서 왼쪽으로 삐쳐 나간 모습을 그린 글자. 丿부에 속한 글자는 해서체를 기준으로 분류함에 따라 들어갔을 뿐 원래의 뜻인 '삐치다' 와는 관계가 없다.

乙 · 乚 (새을)部 : 상형자

갈 지(之) 자 형의 모양을 본떠, 사물이 원활히 나아가지 않는 상태를 나타낸다. 혹은 새 모양에서 비롯된 글자라고도 한다.

亅 (갈고리궐)部 : 상형자

거꾸로 휘어진 갈고리 모양을 본뜬 글자. 문자의 구성 요소로 쓰이며, 이 자(字) 자체의 단독 용례는 없다.

二 (두이)部 : 상형자

두 손가락. 또는 두 개의 가로획, 선을 그어 '둘', '거듭' 을 나타낸 글자.

亠 (돼지해머리)部 : 상형자

갑골문 · 금문에 나타나지 않는 글자로 유래를 알 수 없다. 자획을 분류하는 데 편리하게 사용될 뿐이지 단독체의 글자가 아니다.

人 · 亻 (사람인변)部 : 상형자

옆에서 본 사람을 본뜬 모양으로 '사람' 의 뜻을 나타낸다. 사람과 관련된 글자뿐만 아니라 사람의 성질이나 상태 따위를 나타내는 글자를 이룬다.

儿 (어진사람인발)部 : 상형자

人(사람 인) 자를 다른 형태로 쓴 글자이다. 儿은 항상 글자 아래에 쓰인다.

入 (들입)部 : 상형자

끝이 날카로운 모양으로 '들어가기 쉽다' 는 뜻을 나타낸다는 설과 초목(草木)의 뿌리가 '땅 속으로 뻗어 들어가는 모습' 을 그렸다는 설이 있다.

八 (여덟팔)部 : 상형자

서로 나뉘어 갈라진 모양을 본떠서 '나누다' 라는 뜻을 나타낸다. 뒤에 숫자 8로 가차(假借)되어 쓰게 되자, '나눈다' 는 뜻으로는 分(나눌 분) 자를 새로 만들었다.

冂 (멀경)部 : 상형자

좌우의 두 획은 문 문(門)의 두 기둥을 그린 것이고 가로획은 빗장을 그린 것이다. 冂은 '경계 밖의 먼 곳, 멀다' 라는 의미로 사용되고 부수의 의미는 크게 작용하지 않는다.

冖 (덮을멱 · 민갓머리)部 : 상형자

집 또는 지붕을 본떠 그린 글자. '덮어 가리다, 쓰다' 의 의미로 사용된다.

冫 (이수변 · 얼음빙)部 : 상형자

얼음이 언 모양을 그린 글자. '얼음' 과 관계 있는 뜻을 가진다. 부수 명칭은 '이수변' 혹은 '두점변' 이라 한다.

几 (안석궤)部 : 상형자

앉아 있을 때의 도구를 본뜬 글자. 几는 '안석' 을 뜻하는 글자로 부수 이외에는 크게 활용되지 않는다.

凵 (위터진입구)部 : 상형자

입벌릴 감, 위터진 그릇 감, 땅이 움푹 팬 모습을 그린 글자. 坎(구덩이 감) 자의 원시 형태이다.

刀 · 刂 (칼도)部 : 상형자

날이 굽은 칼의 모양을 본뜬 글자. 칼로 베는 동작을 나타내거나 물건을 자른 상태 외에 칼을 사용하는 것과 관련된 뜻을 지닌다. 刀는 날이 한쪽에만 있는 칼을 뜻하고, 劍(검)은 날이 양쪽에 있는 칼을 뜻한다.

*변형부수 : 刂(선칼도방)

力 (힘력)部 : 상형자

힘을 준 팔에 근육이 불거진 모양을 본뜬 글자로 '힘' 의 뜻을 나타낸다. 力은 '힘이 있다', '힘을 들이다(힘쓰다)' 의 뜻으로, 힘을 이용하는 일이나 노력 등을 의미하는 글자를 이룬다.

勹 (쌀포)部 : 상형자

사람이 팔을 뻗어 껴안은 모양을 본떠 '싸다' 의 뜻을 나타낸다.

匕 (비수비)部 : 상형자

사람이 허리를 굽히거나 엎드려 있는 모습을 본뜬 글자. 혹은 숟가락을 그린 것이라고도 한다. 짧은 칼을 의미하는 '단검', '비수' 의 뜻으로 쓰인다.

匚 (터진입구몸)部 : 상형자

상자방(네모반듯한 용기). 네모난 상자 모양을 본뜬 글자. 대부분 '그릇', '상자' 의 뜻과 관련 있다.

匸 (터진에운담)部 : 회의자

감출 혜. ㄴ은 감춘다는 뜻이고, 위의 一은 윗부분을 덮어 가리고 있음을 나타낸다.

十 (열십)部 : 지사자

갑골문에서는 '丨' 로 썼는데, 금문에서는 바늘의 상형 '↑' 으로 썼다. '針(침)' 의 원자. 가차(假借)하여 수의 '열', '다수' 의 뜻을 나타낸다.

卜 (점복)部 : 상형자

점을 치기 위하여 소뼈나 거북의 등딱지를 태워서 얻어진 갈라진 금의 모양을 본떠 '점치다' 의 뜻을 나타낸다.

卩·㔾 (병부절)部 : 상형자

병부(兵符)는 왕과 병권(兵權)을 맡은 지방관이 미리 나누어 가지던 신표(信標). 발병부(發兵符)라 한다. 사람이 무릎을 꿇은 모양을 본떠 '무릎관절'의 뜻을 나타낸다. 무릎 꿇는 일에 관계되는 문자나 신표를 뜻하는 글자를 나타낸다. 글자의 아랫부분(발)이 될 때는 '㔾'이 된다.

厂 (민엄호)部 : 상형자

언덕 한(구릉, 낭떠러지). 석굴 한(암 혈). 산의 바위 아래 움푹 들어간 곳, 또는 깎아지른 듯한 낭떠러지를 본뜬 글자. '산·언덕' 외에 '집'과도 관련이 있는 글자를 이룬다. '广(엄호밑)'에 대하여 점이 없으므로 '민엄호밑'이라 일컫는다.

厶 (마늘모)部 : 지사자

사사 사(私)의 古字. 작게 둘러싼 것을 나타내고, 사유(私有)하다의 뜻을 나타낸다. 부수로서의 일정한 뜻은 없으나 자형 분류상 부수로 세워졌다. 글자 모양이 마늘쪽과 같이 세모를 이루고 있어 '마늘 모'라 일컫는다.

又 (또우)部 : 상형자

오른손의 옆모습을 본뜬 글자. 어떤 사물을 중복해서 가진다는 데서 '또'의 뜻으로 쓰인다. 손과 관련해서 일어나는 행위나 상태의 표현에 사용된다.

口 (입구)部 : 상형자

사람의 입 모양을 본떠 '입'의 뜻을 나타낸다. 목소리나 숨쉬는 일, 음식 따위, 입의 기능에 관계되는 글자를 이룬다. 또는 '구멍', '물건', '네모난 것' 등과도 관련이 있다.

囗 (에운담·큰입구)部 : 지사자

에울 위(圍)와 나라 국(國)의 古字. 둘레를 에워싼 선에서 '에워싸다', '두르다', '둘레'의 뜻을 포함하는 글자로 쓰인다.

土 (흙토변)部 : 상형자

초목의 새싹이 땅 위로 솟아오르며 자라는 모양을 본뜬 글자. 二는 지층을 말함이고, 丨는 초목의 싹을 나타낸다. 흙으로 된 것이나 흙의 상태, 흙에 손질을 가하는 일 등과 관련 있는 글자로 쓰인다.

士 (선비사)部 : 상형자

하나(一)를 배우면 열(十)을 깨우치는 '선비'를 뜻한다. 큰 도끼의 상형으로 '큰 도끼를 가질 만한 남자', '벼슬하는 사람', '일'과 관계되는 글자로 쓰인다.

夂 (뒤져올치)部 : 상형자

아래를 향한 발의 상형으로 '내려가다', '움직이다'의 뜻을 나타낸다.

夊 (천천히걸을쇠)部 : 상형자

아래를 향한 발자국의 모양으로, 가파른 언덕을 머뭇거리며 내려가다는 뜻을 나타낸다. '천천히걸을쇠발부'라 일컬음.

夕 (저녁석)部 : 상형자

초저녁 밤하늘에 뜬 초승달을 본떠 '저녁'의 뜻을 나타낸다. 갑골문에서 '月'의 자형과 같으나 금문에서 한 획을 뺀 자형으로 쓰였다.

大 (큰대)部 : 상형자

사람(人)이 팔(一)과 다리를 크게 벌리고 서 있는 모양을 본떠, '크다'의 뜻을 나타낸다. 간혹 '太(태)'와 같이 쓰인다. 大 부수의 글자는 '사람의 모습이나 일', '크다'와 관련 있는 글자로 쓰인다.

女 (계집녀)部 : 상형자

두 손을 얌전히 포개고 무릎을 꿇은 여자의 모습을 본떠 '여자', '계집'을 뜻한다. 女 부수의 글자는 여자의 여러 가지 심리를 나타내거나 여성적인 성격과 행위, 남녀 관계 등의 뜻을 지닌다.

子 (아들자)部 : 상형자

어린아이의 머리와 두 팔을 본뜬 글자로, '아들', '자식'의 뜻을 나타낸다. 또한 차용(借用)하여 십이지(十二支)의 제1위인 '쥐'의 뜻으로도 쓰인다. 子 부수의 글자는 아이의 행동이나 상태와 관련 있는 뜻을 지닌다.

宀 (갓머리)部 : 상형자

집을 나타내어 맞배지붕을 본뜬 모양으로 '집', '지붕'을 뜻한다. 宀 부수의 글자는 여러 가지 가옥이나 그 부속물, 집과 관련 있는 것을 뜻한다.

寸 (마디촌)部 : 지사자

팔목에서 맥을 짚는 자리까지의 거리, 즉 '한 치'를 뜻하고, 한 치의 길이를 헤아려 '법도'의 뜻을 나타낸다. 寸 부수의 글자는 손의 동작이나 손과 관련 있는 것을 뜻한다.

小 (작을소)部 : 상형자

큰 물체에서 떨어져 나간 작은 점 세 개를 본떠 물이 작은 모양을 뜻한다. 小 부수의 글자는 '작다'와 관련 있는 것을 뜻한다.

尢 (절름발이왕)部 : 상형자

사람의 다리 한 쪽이 굽어져 있는 모양을 본뜬 글자. '大'가 사람의 서 있는 모습인데 대하여, 정강이뼈가 구부러진 것으로 '절름발이'의 뜻을 나타낸다. 부수로 쓰일 때는 '尣' '兀'로 변형되어 쓰이기도 한다.

尸 (주검시)部 : 상형자

사람이 죽어서 손발을 뻗은 것을 본뜬 글자로 '주검'의 뜻을 나타낸다. '屍(시)'의 原字. 尸 부수의 글자는 '사람', '집'과 관련 있는 것을 뜻한다.

屮 (풀철 · 왼손좌)部 : 상형자

屮은 풀의 싹을 본뜬 글자로 '풀', '초목의 싹'을 뜻한다. 屮은 왼손의 모양을 본떠 '왼쪽', '왼손'을 뜻한다.

山 (메산)部 : 상형자

산이 연달아 솟아 있는 모양을 본떠 '산'을 뜻한다. 山 부수의 글자는 산과 관련 있는 것을 뜻한다.

巛 · 川 (개미허리)部 : 상형자

'巛'자는 '川'의 본글자로 부수에만 쓰인다. 川은 양쪽 언덕 사이로 물이 흐르고 있는 모양을 본떠 '내', '강'을 뜻한다.

工 (장인공)部 : 상형자

일을 할 때 사용하는 연장, '자'의 모양을 본떠, '공작하다', '연장', '도구'를 뜻한다.

己 (몸기)部 : 상형자

사람이 자기 몸을 굽히고 있는 모양을 본뜬 글자. 가차(假借)하여 '자기 몸', '천간(天干)'의 뜻으로 쓰인다.

巾 (수건건)部 : 상형자

허리띠에 천을 드리우고 있는 모양. 또는 수건이 걸려 있는 모습을 본뜬 글자로 '수건'을 뜻한다. 巾 부수의 글자는 '면직물'과 관련 있는 뜻으로 쓰인다.

干 (방패간)部 : 상형자

끝이 두 갈래로 갈라진 사냥도구, 또는 방패를 그린 것이다. '방패'의 뜻 외에 '막다'의 뜻을 지니기도 한다.

幺 (작을요)部 : 상형자

실(絲 : 사)이 한 가닥 한 가닥 묶인 모습을 그린 것으로, 糸의 원시 형태이다. 幺 부수의 글자는 '작다', '어리다'와 관련 있는 뜻으로 쓰인다.

广 (엄호)部 : 상형자

높은 바위 위에 있는 집을 정면으로 바라본 모습이다. 广 부수의 글자는 '집'과 관련 있는 뜻으로 쓰인다.

廴 (민책받침)部 : 지사자

길게 걸을 인. 사거리를 그린 '行(다닐 행)' 자의 왼쪽 부분. 彳(조금 걸을 척)의 변형이다. 廴 부수의 글자는 '가다', '발을 길게 떼어놓다'의 뜻으로 쓰인다.

廾 (밑스물입)部 : 회의자

두 손을 맞잡아 드는 모양을 본뜬 글자로 '받들다'의 뜻을 나타낸다. 글자 모양이 '廿(스물입)'과 비슷하고, 대개 글자의 밑에 쓰이므로 '밑스물입'이라 한다.

弋 (주살익)部 : 상형자

주살은 새를 잡는 데 실을 매어 쓰는 화살이다. 弋 자는 아래쪽 끝부분이 뾰족한 '말뚝' 모양을 본뜬 글자이나, 모양이 흡사한 '주살'의 의미로 발전하였다.

弓 (활궁)部 : 상형자

화살을 메기지 않은 활의 모양을 본떠 '활'을 뜻한다. 弓 부수의 글자는 '활' 또는 '활에 관한 동작이나 상태'를 나타낸다.

彐 · 彑 · ⺕ (터진가로왈)部 : 상형자

돼지머리 계. 머리를 위로 치켜든 돼지의 모습을 그린 글자이다. 부수의 활용은 의미가 없다.

彡 (터럭삼 · 삐친석삼)部 : 상형자

길게 자란 윤기나는 머리를 본뜬 글자로 '긴머리', '무늬'의 뜻을 나타낸다. 彡 부수의 글자는 '무늬', '빛깔', '머리', '꾸미다'와 관련 있는 뜻으로 쓰인다.

彳 (두인변 · 중인변)部 : 상형자

조금 걸을 척. 길의 뜻인 '行(행)'의 왼쪽 부분

을 본뜬 글자로 '길을 가다'의 뜻을 나타낸다. 彳 부수의 글자는 '가다', '이동하다'와 관련 있는 뜻으로 쓰인다.

心・忄・⺗ (마음심)部 : 상형자

사람의 심장 모양을 본뜬 글자로 '심장', '마음'을 뜻한다. 心(忄) 부수의 글자는 '생각', '감정', '마음' 등과 관련 있는 뜻으로 쓰인다.
*변형부수 : 忄(심방변), ⺗(밑마음심)

戈 (창과)部 : 상형자

갑골문에서 손잡이가 달린 자루 끝에 날이 달린 창의 모양을 본떠 '창'을 뜻한다. 戈 부수의 글자는 '창', '무기'와 관련 있는 뜻으로 쓰인다.

户 (지게호)部 : 상형자

두 짝으로 된 문의 한 짝을 본뜬 글자로 외짝문 '지게'를 뜻한다. 戶 부수의 글자는 '문', '집에 딸린 물건'과 관련 있는 뜻으로 쓰인다.

手・扌 (손수)部 : 상형자

手는 다섯 손가락을 펼치고 있는 손의 모양을 본떠 '손'을 뜻한다. 手(扌 : 재방변) 부수의 글자는 '손의 각 부분의 명칭이나 손의 동작'과 관련 있는 뜻으로 쓰인다.

支 (지탱할지)部 : 상형자

대나무나 나무의 가지를 손에 든 모양을 본떠 '가지를 치다', '버티다'를 뜻한다. 支 부수의 글자는 방(傍, 몸)으로 쓰이며, '가지로 갈리다'의 뜻을 나타낸다. 또는 회의자로, 손 모양에서 비롯된 又(또 우) 자와 가지를 표현한 十가 합해진 글자라고도 한다.

攴・攵 (등글월문)部 : 형성자

又(우)와 卜(복). 攴는 칠 복.
손으로 '치다', '두드리다'를 뜻한다. 攴(攵) 부수의 글자는 '손으로 무엇을 하다'와 관련 있는 뜻으로 쓰인다. '文(글월 문)'과 대비하여 '등글월문'이라 일컫는다.
*변형부수 : 攵

文 (글월문)部 : 상형자

바르게 서 있는 사람의 가슴을 보여, 거기에 문신(文身)한 모양을 본떠 '무늬', '문채(文彩)'의 뜻을 나타낸다.

斗 (말두)部 : 상형자

곡식을 담아서 수량을 헤아리는 말(斗)의 모양. '열 되', '말'을 뜻한다. 斗 부수의 글자는 용량의 단위로 '재다', '따르다'와 관련 있는 뜻으로 쓰인다.

斤 (날근)部 : 상형자

긴 자루 끝에 날을 단 도끼 모양을 본뜬 글자. 斤 부수의 글자는 '도끼', '자르다'와 관련 있는 뜻으로 쓰인다.

方 (모방)部 : 상형자

농기구 쟁기의 날 부분의 모양. 또는 배를 언덕에 묶어 놓은 모양을 본뜬 글자. 方 부수의 글자는 '깃발'과 관련 있는 뜻으로 쓰인다.

无・旡 (없을무)部 : 지사자

갑골문에서는 춤추는 사람의 모양을 본뜬 글자였는데 가차(假借)하여 '없다'의 뜻으로 쓰인다.

*변형부수 : 歹(이미기방)은 앉은 사람이 얼굴을 돌려 외면한 상태의 뜻을 포함한 글자로 쓰인다.

日 (날일)部 : 상형자

해의 모양을 본뜬 글자로 '해'를 뜻한다. 日 부수의 글자는 '태양', '명암', '시간', '날씨'와 관련 있는 뜻으로 쓰인다.

曰 (가로왈)部 : 상형자

입을 열어 말하는 모양을 본떠 '목소리를 내어 말하다'를 뜻한다. 日 이외에 曰의 자형을 지닌 문자를 모으기 위하여 편의적으로 부수를 설정하였다.

月 (달월)部 : 상형자

달의 이지러진 모양을 본떠 '달'을 뜻한다. 月 부수의 글자는 '달', '시간', '시기'와 관련 있는 뜻으로 쓰인다. '肉(육)'이 변으로 될 때의 '육달월(月)'과는 다르게 구별해야 한다.

木 (나무목)部 : 상형자

나무(丨)의 가지(一)와 뿌리를 본떠 '나무'를 뜻한다. 木 부수의 글자는 '나무의 종류, 상태, 성질', '나무로 만든 물건'과 관련 있는 뜻으로 쓰인다.

欠 (하품흠)部 : 상형자

사람이 입을 벌리고 있는 모양을 본떠 '입을 벌리다', '하품'을 뜻한다. 欠 부수의 글자는 '숨쉬다', '입을 벌리다, 또 그런 상태'와 관련 있는 뜻으로 쓰인다.

止 (그칠지)部 : 상형자

사람의 발목 아래 모양을 본뜬 글자. 걸음을 멈추는 것으로 '그치다'를 뜻한다. 止 부수의 글자는 '발의 동작이나 시간의 경과' 등과 관련 있는 뜻으로 쓰인다.

歹 · 歺 (죽을사)部 : 상형자

앙상한 뼈(알), 나쁠(대).
살을 발라낸 뼈를 본뜬 글자. 歹 부수의 글자는 '죽음'과 관련 있는 뜻으로 쓰인다.

殳 (갖은등글월문)部 : 상형자

몽둥이(칠) 수.
손에 나무 몽둥이를 든 모양. 殳 부수의 글자는 '치다', '때리다', '부수다'와 관련 있는 뜻으로 쓰인다.

毋 (말무)部 : 상형자

본래 '母(모)'와 같이 쓰였으나 母의 두 점을 하나의 세로획으로 고쳐 '말다(금지)', '없다'를 뜻한다.

毛 (터럭모)部 : 상형자

사람의 머리털이나 짐승의 털이 나 있는 모양을 본뜬 글자. 毛 부수의 글자는 '털', '털로 만든 물건'과 관련 있는 뜻으로 쓰인다.

氏 (각시씨)部 : 상형자

땅 속에 뻗친 나무뿌리의 뜻에서 파생되어 쓰인다. 모양이 비슷한 '民(민)'을 포함하여 자형 분류상 부수로 세웠다.

比 (견줄비)部 : 상형자

두 사람이 나란히 서 있는 모양을 본뜬 글자로 '견주다'를 뜻한다. 자형 분류상 부수로 세웠다.

气 (기운기)部 : 상형자

구름이 뭉게뭉게 피어오르는 모습을 그린 것으로 '수증기', '구름', '공기' 등을 뜻한다. 气 부수의 글자는 '기운'과 관련 있는 뜻으로 쓰인다.

水 · 氵 (물수)部 : 상형자

물이 끊임 없이 흐르는 모양을 본뜬 글자. '水'가 변이될 때에는 '氵'의 꼴을 취하여 '삼수변'으로 일컫는다. 水(氵) 부수의 글자는 '물, 강의 이름', '물의 상태나 동작' 등과 관련 있는 뜻으로 쓰인다.

火 · 灬 (불화)部 : 상형자

불이 활활 타오르는 모양을 본뜬 글자. 火(灬) 부수의 글자는 '불의 성질이나 상태, 작용' 등과 관련 있는 뜻으로 쓰인다.

*변형부수 : 받침으로 쓰일 때는 灬(연화발)로 쓰인다.

爪 · 爫 (손톱조)部 : 상형자

위에서 아래의 물건을 덮어 움켜쥐고 있는 손과 손가락을 그린 글자이다. 爪 부수에 속하는 글자는 '손', '손톱', '손으로 잡다'와 관련 있는 뜻으로 쓰인다.

*변형부수 : 爫(손톱조머리)

父 (아비부)部 : 상형자

오른손(ㄨ · 又)에 도끼(매채)를 든 모양. 권력을 지닌 한 가정의 가장으로 '아버지'를 뜻한다. 父 부수의 글자는 '부친', '노인'과 관련 있는 뜻으로 쓰인다.

爻 (점괘효)部 : 상형자

「주역(周易)」의 두 괘(卦)가 서로 엇갈려 있는 모습을 그린 것이다. 문자 정리상 부수로 세워졌다.

爿 (장수장변)部 : 상형자

조각널 장.
牀(평상 상)의 原字. 침상을 세워 옆에서 본 모양을 형상화하여 '침상'을 뜻한다. 또한 나무의 중간을 나누어 '왼쪽의 반 조각', '나뭇조각'의 뜻을 가리키는 지사문자로도 풀이한다.

片 (조각편)部 : 상형 · 지사자

나무 목(木) 자를 세로로 쪼개어 나눈 오른쪽 조각의 형상. '조각', '쪼개다'를 뜻한다. 片 부수의 글자는 '평평한 널판'과 관련 있는 뜻으로 쓰인다.

牙 (어금니아)部 : 상형자

아래위의 어금니가 맞닿은 모양을 본뜬 글자. 옛날에는 코끼리의 상아로, 깃발을 장식하여 대장기로 쓰였다. 牙 부수의 글자는 '이', '치아'와 관련 있는 뜻으로 쓰인다.

牛 · 牜 (소우)部 : 상형자

정면에서 본 소의 머리부분과 뿔 모양의 특징을 살려 상징적으로 표현하였다. 牛 부수의 글자는 '여러 종류의 소, 사육하거나 부리는 일'과 관련 있는 뜻으로 쓰인다.

犬 · 犭 (개견)部 : 상형자

개가 귀를 세우고 옆으로 서 있는 모양을 본뜬 글자. 변으로 쓰일 때는 '犭(개사슴록변)' 이다. 犬(犭) 부수의 글자는 '여러 종류의 개', '개와 유사한 동물', '개의 성질', '사냥' 과 관련 있는 뜻으로 쓰인다.

老 · 耂 (늙을로)部 : 상형자

허리가 굽은 노인이 지팡이를 짚고 서 있는 모양. 耂(늙을로엄)은 '老' 가 편방(엄)으로 쓰일 때의 모양이다. 耂 부수의 글자는 '노인', '나이 많다', '오래되다' 와 관련 있는 뜻으로 쓰인다.

王 · 玉 (구슬옥변)部 : 상형자

王은 고대 중국에서 지배권의 상징으로 쓰인 큰 도끼의 모양으로 '임금' 을 뜻한다. 玉은 세 개의 옥, 구슬 세 개를 끈으로 꿴 모양이다. 玉이 변으로 쓰일 때는 '王' 자형이 된다. 王 · 玉 부수의 글자는 '옥의 종류', '옥으로 만든 물건', '옥의 상태' 와 관련 있는 뜻으로 쓰인다.

艹 · 艸 (초두머리)部 : 상형자

가지런히 자란 풀의 모양으로 '풀' 을 뜻한다. 艹는 부수의 위치가 머리 부분에 쓰일 때 변형이 생긴다. 艸는 두 포기의 풀 모양. 草(풀 초)의 본글자이다. 艹 부수의 글자는 '풀에 관한 이름', '풀의 상태', '풀로 만드는 물건' 과 관련 있는 뜻으로 쓰인다.

辶 (책받침)部 : 회의자

'辵(쉬엄쉬엄 갈 착)' 이 부수로 쓰일 때의 글자 모양. '책받침' 이라는 명칭은 '착받침' 이 잘못 사용된 것이다. 辵 부수의 이름은 '갖은책받침', 辵은 길(彳) 위에 사람의 발(止)이 있음을 표현했다. 辶 부수의 글자는 '가는 길이나 걷는 활동', '원근 관계' 와 관련 있는 뜻으로 쓰인다.

玄 (검을현)部 : 상형자

실을 한 타래씩 묶은 모습으로 糸(실 사)의 원시 형태. 玄 부수의 글자는 '검다' 와 관련 있는 뜻으로 쓰인다.

瓜 (오이과)部 : 상형자

덩굴에 열린 오이. 오이의 덩굴과 오이 열매(厶)를 본뜬 모양으로 '오이' 를 뜻한다. 瓜 부수의 글자는 '덩굴식물의 열매' 와 관련 있는 뜻으로 쓰인다.

瓦 (기와와)部 : 상형자

진흙을 구부려서 구운 질그릇의 모양으로 '기와', '질그릇' 을 뜻한다. 瓦 부수의 글자는 '질그릇', '오지그릇' 과 관련 있는 뜻으로 쓰인다.

甘 (달감)部 : 지사자

입 구(口) 안에 무엇인가(一) 머금고 있는 형상. 곧 혀에 얹어서 단맛을 맛보는 것을 뜻한다. 甘 부수의 글자는 '달다', '맛이 좋다' 와 관련 있는 뜻으로 쓰인다.

生 (날생)部 : 상형자

초목의 새싹이 땅 위로 솟아나오는 모양을 본떠 '생겨나다', '살다' 를 뜻한다. 生 부수의 글자는 '출산', '생명' 과 관련 있는 뜻으로 쓰인다.

用 (쓸용)部 : 상형자

용종(甬鐘)이라는 종의 상형.
鏞(용)의 原字. 종의 꼭지를 잡고 들어올리다의 뜻에서 파생하여 쓰인다. 자형 분류상 부수로 설정되었다.

田 (밭전)部 : 상형자

사냥하는 구역이나 경작지의 구역을 그린 것이다. 田 부수의 글자는 '논밭', '경작'과 관련 있는 뜻으로 쓰인다.

疋 (필필 · 짝필)部 : 상형자

발 소, 필은 피륙을 세는 단위.
'발 족(足)'과 같은 꼴로 발의 모양을 본뜬 글자. 疋 부수의 글자는 '발', '걷는다'와 관련 있는 뜻으로 쓰인다.

疒 (병질엄)部 : 회의자

병들어 누울 녁.
갑골문에서 사람이 침대 위에 누워 있는 모습으로, 사람이 병이 나서 침대에 누워 있는 것을 뜻한다. 疒 부수의 글자는 '병(病)'과 관련 있는 뜻으로 쓰인다.

癶 (필발머리)部 : 상형자

걸음 발. 등질 발.
두 발을 벌린 모양을 본떠 '발', '등지다'를 뜻한다. 癶 부수의 글자는 '발의 동작이나 상태'와 관련 있는 뜻으로 쓰인다.

白 (흰백)部 : 상형자

머리가 흰 뼈의 상형. 또는 햇빛, 도토리 열매의 모양으로 '희다'를 뜻한다. 白 부수의 글자는 '희다', '밝다'와 관련 있는 뜻으로 쓰인다.

皮 (가죽피)部 : 상형자

손(又)으로 짐승의 가죽을 벗기고 있는 모양을 본떠 '가죽'을 뜻한다. 皮 부수의 글자는 '피부', '가죽'과 관련 있는 뜻으로 쓰인다.

皿 (그릇명)部 : 상형자

음식을 담는 접시를 본떠 '그릇', '접시'를 뜻한다. 皿 부수의 글자는 '그릇', '그릇에 담긴 것', '덮개'와 관련 있는 뜻으로 쓰인다.

目 · 罒 (눈목)部 : 상형자

사람의 눈을 본떠, 눈꺼풀이 덮이어 보호되고 있는 '눈'을 뜻한다. 目 부수의 글자는 '눈의 움직임이나 상태', '보는 일'과 관련 있는 뜻으로 쓰인다.

矛 (창모)部 : 상형자

옛 전차에 세우던 창의 모양. 윗부분은 창의 끝. '亅'는 창의 자루, 그 옆은 창의 끈을 묶는 귀를 나타낸다. 矛 부수의 글자는 '창'과 관련 있는 뜻으로 쓰인다.

矢 (화살시)部 : 상형자

화살촉과 깃의 모양을 본떠 '화살'을 뜻한다. 矢 부수의 글자는 '화살'과 관련 있는 뜻으로 쓰인다.

石 (돌석)部 : 상형자

언덕(厂) 아래로 굴러 떨어진 돌맹이(口) 모양을 본떠 '돌'을 뜻한다. 石 부수의 글자는 '암

석의 종류', '돌의 상태', '돌로 만들어진 물건'과 관련 있는 뜻으로 쓰인다.

示 · 礻 (보일시)部 : 상형자

제물을 차려놓은 제상(祭床)의 모양을 본떠, '신에게 제상을 보이는 것'을 뜻한다. 示(礻) 부수의 글자는 '신', '제사', '신이 내리는 길흉화복'과 관련 있는 뜻으로 쓰인다.

禸 (짐승발자국유)部 : 상형자

짐승의 뒷발이 땅을 밟고 있는 모양을 본떠 '발자국'을 뜻한다. 禸 부수의 글자는 '짐승', '동물'과 관련 있는 뜻으로 쓰인다.

禾 (벼화)部 : 상형자

벼가 익어 고개를 숙인 모양으로 벼의 줄기와 뿌리를 그린 것이다. 禾 부수의 글자는 '벼', '곡물, 그 수확이나 조세'와 관련 있는 뜻으로 쓰인다.

穴 (구멍혈)部 : 상형자

옛 사람들이 살던 동굴과 움집의 모양. 그 입구를 그린 것으로 '구멍', '굴'을 뜻한다. 穴 부수의 글자는 '구멍', '구멍 모양의 기물, 구멍을 뚫는 일' 등과 관련 있는 뜻으로 쓰인다.

立 (설립)部 : 상형자

사람(大)이 땅(一)을 딛고 서서 두 팔을 벌리고 있는 모습을 본떠 '서다', '세우다'를 뜻한다. 立 부수의 글자는 '사람이 서 있거나 물체가 세워져 있는 것'과 관련 있는 뜻으로 쓰인다.

衤 (옷의변)部 : 상형자

衣(옷 의)가 변으로 쓰일 때의 글자 모양. 衤 부수의 글자는 '옷'과 관련 있는 뜻으로 쓰인다.

竹 (대죽)部 : 상형자

대나무 가지의 가운데 잎이 아래로 드리워진 모양으로 '대나무'를 뜻한다. 竹 부수의 글자는 '대나무의 종류', '대나무로 만든 용구'와 관련 있는 뜻으로 쓰인다. 특히 문서와 관련 있는 글자에 ⺮(대죽머리)가 붙는 것은 옛날부터 죽간(竹簡)을 썼던 데서 연유한다.

米 (쌀미)部 : 상형자

벼(禾)의 이삭 끝에 달린 열매, 또는 낟알이 흩어져 있는 모양. 갑골문은 가로획과 여섯 개의 점으로 이루어졌는데, 가로획은 곡식 이삭의 가지 부분, 여섯 점은 그 열매의 부분으로 '쌀'을 뜻한다. 米 부수의 글자는 '쌀과 같은 곡류의 식물'과 관련 있는 뜻으로 쓰인다.

糸 (실사)部 : 상형자

실을 한 타래씩 묶은 모양으로 '가는 실'을 뜻한다. 糸 부수의 글자는 '실의 종류나 성질 및 직물'과 관련 있는 뜻으로 쓰인다.

缶 (장군부)部 : 상형자

장군은 물, 술, 오줌 따위를 담아 나르는 데 쓰는 그릇. 가운데 부분의 배가 부른 뚜껑달린 질그릇을 본뜬 글자. 缶 부수의 글자는 '질그릇으로 만든 항아리, 단지'와 관련 있는 뜻으로 쓰인다.

网 · 罒 · 罓 (그물망)部 : 상형자

網(그물 망)의 古字.

그물의 모양을 본떠, 속 모양은 그물코, 바깥 모양은 그물의 줄을 나타내어 '그물'을 뜻한다. 부수로 쓰일 때는 '罒, 㓁'의 글자가 되기도 한다. 网 부수의 글자는 '그물'과 관련 있는 뜻으로 쓰인다.

羊 (양양)部 : 상형자

정면에서 바라본 양의 뿔과 머리를 그린 글자로 '양'을 뜻한다. 羊 부수의 글자는 '양'과 관련 있는 뜻으로 쓰인다.

羽 (깃우)部 : 상형자

새의 깃, 또는 양날개를 본떠 '깃', '날개'를 뜻한다. '새의 깃털'과 관련 있는 뜻으로 쓰인다.

而 (말이을이)部 : 상형자

코 밑, 또는 턱수염의 모양을 본떠 '수염'을 뜻하였으나, 가차하여 접속사로서 '그리하여', '그리고', '그러나', '그런데' 등의 뜻으로 쓰인다. 而 부수는 자형 분류상 부수로 설정하였다.

耒 (쟁기뢰)部 : 상형자

쟁기, 쟁기의 자루, 구부러진 쟁기를 손에 잡고 있는 모양을 본떠 '쟁기'를 뜻한다. 耒 부수의 글자는 '농기구나 농사'와 관련 있는 뜻으로 쓰인다.

耳 (귀이)部 : 상형자

귀를 그린 것으로 바깥은 귀 윤곽을, 가운데 가로 그은 두 개의 획은 귓구멍을 나타낸다. 耳 부수의 글자는 '귀의 기능이나 상태'와 관련 있는 뜻으로 쓰인다.

聿 (붓율)部 : 상형자

손으로 필기구를 쥐고 있는 모습으로 '붓'을 뜻한다. 단지 부수의 역할만 하고 있다.

肉 · 月 (고기육 · 육달월)部 : 상형자

칼로 잘라놓은 고깃덩어리의 모양을 본뜬 글자로 '고기'를 뜻한다. 肉이 변으로 될 때는 月(육달월)로, 다리가 될 때에는 月로 쓰인다. 月과 구별할 것.
肉(月) 부수의 글자는 '신체 각 부위의 명칭이나 상태'와 관련 있는 뜻으로 쓰인다.

臣 (신하신)部 : 상형자

임금 앞에 공손히 엎드려 있는 사람의 모양. 사람이 머리를 숙이면 눈이 세로로 서기 때문에 '신하', '섬기다'를 뜻한다. 臣 부수의 글자는 '눈으로 보고 있는 상황이나 모습'과 관련 있는 뜻으로 쓰인다.

自 (스스로자)部 : 상형자

사람의 코를 그린 글자. 본래는 코를 뜻하였으나 뒤에 '자기'의 뜻으로 가차(假借)되자, 코의 뜻으로는 畀를 더한 鼻(비) 자를 새로 만들어 보충하였다. 自 부수의 글자는 '코', '냄새'와 관련 있는 뜻의 글자에 쓰인다.

至 (이를지)部 : 지사자

화살이 땅에 꽂혀 있는 모양으로 '이르다', '당도하다'를 뜻한다. 至 부수의 글자는 '이르다'의 의미와 발음부호로 사용되는 경우가 있다.

臼 (절구구)部 : 상형자

옛날에는 땅바닥을, 뒤에는 나무나 돌을 파서

만든 절구의 모양을 본떠 '절구'를 뜻한다. 臼 부수의 글자는 '절구', '찧는다', '들어올리다'와 관련 있는 뜻으로 쓰인다.

舌 (혀설)部 : 상형자

입으로 내민 혀의 모양으로 '혀', '말'을 뜻한다. 舌 부수의 글자는 '혀의 기능'과 관련 있는 뜻으로 쓰인다.
*舍(사)는 편의상 이 부수에 분류되었다.

舛 (어그러질천)部 : 상형 · 회의자

서로 어긋나 있는 모습이다. 곧 양발이 반대 방향으로 향한 모양을 본떠 '어그러지다'를 뜻한다. 또는 사람과 사람이 서로 등지고 반대된다는 뜻을 나타내며, '어긋나다, 배반하다'의 뜻을 나타낸다. 부수의 활용은 자형에 따라 분류한 것에 불과하다.

舟 (배주)部 : 상형자

나룻배의 모양을 본떠 '배'를 뜻한다. 舟 부수의 글자는 '배의 종류나 용구', '배로 가는 일'과 관련 있는 글자에 쓰인다.

艮 (그칠 간)部 : 회의자

사람의 눈을 뒤로 돌린 모습을 나타내어 외면하는 것을 뜻하였으나 '머무르다', '어긋나다'의 뜻으로 쓰인다. 또 가차(假借)하여 '방향', '시간'의 의미로 쓰인다. 자형 분류상 부수로 설정되었다.

色 (빛색)部 : 회의자

윗부분은 사람이 서 있는 모양이 변한 형태이고, 아랫부분은 사람이 꿇어앉은 모양이 변해 이루어진 형태이다. 여기에서 '남녀의 애정'의 뜻으로 쓰였으나, 후에 '색깔', '얼굴색'의 의미로 확대되었다.

虍 (범호밑)部 : 상형자

범의 문채 호.
호랑이 모양의 글자 '虎(호)'에서 몸통과 발을 떼어내고 머리 부분만 그려 부수로 쓰인다. 虍 부수의 글자는 '호랑이'와 관련 있는 뜻으로 쓰인다.

虫 (벌레충 · 벌레훼)部 : 상형자

머리가 큰 뱀의 모양에서 '벌레'를 뜻한다. **虫**은 蟲의 俗字. **虫** 부수의 글자는 '벌레', '짐승'과 관련 있는 뜻으로 쓰인다.

血 (피혈)部 : 상형자

제사 때 신에게 바치는 희생의 피를 그릇에 담은 모양을 본떠 '피'를 뜻한다. 血 부수의 글자는 '피', '혈액'과 관련 있는 뜻으로 쓰인다.

行 (다닐행)部 : 상형자

잘 정리된 네거리의 모양을 본떠 '길', '가다'를 뜻한다. 行 부수의 글자는 '도로', '거리'와 관련 있는 뜻으로 쓰인다.

襾 (덮을아)部 : 지사자

冂은 위에서 아래로 덮고 있는 모양이고, 凵은 아래에서 위로 벌어진 모양인데, 一로서 그것을 다시 덮고 있는 모양이다. 부수의 글자는 '덮다'와 관련 있는 뜻으로 쓰인다.

見 (볼견)部 : 회의자

사람(儿) 위에 눈(目)을 얹어 무엇을 명확히 보는 것을 뜻한다. 見 부수의 글자는 '눈의 역할', '시각 활동'과 관련 있는 뜻으로 쓰인다.

角 (뿔각)部 : 상형자

속이 빈 딱딱한 짐승의 뿔 모양을 본떠 '뿔'을 뜻한다. 角 부수의 글자는 '뿔로 만들어진 물건', '술잔', '뿔의 상태, 동작' 등과 관련 있는 뜻으로 쓰인다.

言 (말씀언)部 : 상형 · 회의 · 형성자

혀를 앞으로 내민 모습에서 상형자라 하고, 죄인(辛)이 자기 변론(口)을 한다는 뜻에서 회의자, 또는 口는 의미 부분이고 위는 발음 부분으로 형성자라고도 한다. 言 부수의 글자는 '말'과 관련 있는 뜻으로 쓰인다.

谷 (골곡)部 : 회의자

물줄기(仌)가 계곡의 입구(口)에서 흘러나오는 모습으로 '골짜기'를 뜻한다.

豆 (콩두)部 : 상형자

뚜껑이 달리고 굽이 높은 제사 용기를 그린 것으로 '제기'를 뜻하였으나 후에 가차(假借)되어 '콩'을 뜻한다. 豆 부수의 글자는 '콩', '제기'와 관련 있는 뜻으로 쓰인다.

豕 (돼지시)部 : 상형자

돼지의 머리와 살찐 몸통, 다리, 꼬리 등을 본뜬 글자로 '돼지'를 뜻한다. 豕 부수의 글자는 '돼지'와 관련 있는 뜻으로 쓰인다.

豸 (발없는벌레치 · 갖은돼지시)部 : 상형자

짐승이 몸을 웅크리고 등을 굽혀 먹이를 덮치려고 노려 보는 모양을 본떠 '발 없는 벌레', '해태'를 뜻한다. 豸 부수의 글자는 '맹수', '용맹스러운 기상'과 관련 있는 뜻으로 쓰인다.

貝 (조개패)部 : 상형자

껍질을 벌리고 있는 조개 모양을 본떠 '조개'를 뜻한다. 貝 부수의 글자는 '돈', '재물'과 관련 있는 뜻으로 쓰인다.

赤 (붉을적)部 : 회의자

불(火) 위에 사람(大)이 있는 모습으로, 붉게 보여 '붉다'를 뜻한다. 또한 큰(大) 불(火)에서 '붉은 색'을 뜻한다. 赤 부수의 글자는 '붉은 빛이나 물건'과 관련 있는 뜻으로 쓰인다.

走 (달아날주)部 : 회의자

윗부분이 사람 모양(土 → 大)이고, 아랫부분이 발 모양(止)으로 '달리다'를 뜻한다. 走 부수의 글자는 '달리는 것'과 관련 있는 뜻으로 쓰인다.

足 (발족)部 : 상형자

사람의 무릎에서 발까지의 모양을 본떠 '발'을 뜻한다. 足 부수의 글자는 '발 부위의 명칭', '발의 동작이나 상태'와 관련 있는 뜻으로 쓰인다.

身 (몸신)部 : 상형자

사람이 임신하여 배가 불룩한 모습을 본떠 '몸'을 뜻한다. 身 부수의 글자는 '신체'와 관련 있는 뜻으로 쓰인다.

車 (수레거)部 : 상형자

수레나 수레바퀴 모양을 본떠 '수레'를 뜻한다. 車 부수의 글자는 '수레나 차'와 관련 있는 뜻으로 쓰인다.

辛 (매울신)部 : 상형자

옛날 죄인의 얼굴에 문신을 새겨 넣을 때 쓰는 바늘을 본떠 '괴롭다', '맵다'를 뜻한다.

辰 (별진)部 : 상형자

조개의 껍데기와 살을 본떠 '대합조개'를 뜻하였으나, 가차(假借)하여 '별', '때', '다섯째지지'로 쓰인다. 辰 부수의 글자는 농사와 관련 있는 뜻으로 쓰인다.

邑 (고을읍)部 : 회의자

일정한 구역(口) 안에 사람이 꿇어앉아 있는 모습(巴). 즉 일정한 구역에서 사는 '고을'을 뜻한다. 방(傍)으로 쓰일 때는 '阝(우부방)'으로 변한다.

酉 (닭유)部 : 상형자

술항아리의 모양을 본떠 '술'을 뜻한다. '酒(주)의 原字. 가차하여 '지지의 열째, 닭'을 뜻한다. 酉 부수의 글자는 '술' 또는 '발효시켜 만든 음식'과 관련 있는 뜻으로 쓰인다.

釆 (분별할변)部 : 상형자

짐승의 발자국에서 발톱과 발바닥이 나타나 있는 모양을 본떠 '분별하다'를 뜻한다. 釆 부수의 글자는 '나누다'와 관련 있는 뜻으로 쓰인다.

里 (마을리)部 : 회의자

밭(田)과 흙(土). 농사짓는 토지가 있는 '마을', '촌락'을 뜻한다. 里 부수의 글자는 '마을', '촌락'과 관련 있는 뜻으로 쓰인다.

金 (쇠금)部 : 상형 · 형성자

금을 만드는 용광로의 모습을 본뜬 상형자. 또는 덮인 흙 속에 광물이 들어 있는 형태의 형성자로 본다. 金 부수의 글자는 '금속의 종류나 성질'과 관련 있는 뜻으로 쓰인다.

長 (긴장)部 : 상형자

긴 머리털이 있는 사람이 지팡이를 짚고 있는 모습을 본떠 '길다', '오래다'를 뜻한다. 镸은 古字.

門 (문문)部 : 상형자

좌우 두 개의 문짝이 닫힌 모양을 본떠 '문'을 뜻한다. 門 부수의 글자는 '문의 종류나 상태'와 관련 있는 뜻으로 쓰인다.

阜 (언덕부)部 : 상형자

층이 진 산비탈의 모양을 본떠 '언덕'을 뜻한다. 파생하여 '크다', '성하다', '많다'의 뜻으로도 쓰인다. 阜 부수의 글자는 '언덕의 모양', '지형의 상태'와 관련 있는 뜻으로 쓰인다. 阜가 변으로 될 때에는 '阝(좌부방)'의 자형을 이룬다.

隶 (미칠이)部 : 회의자

又(손)과 尾(꼬리). 꼬리를 잡으려는 손이 뒤에서 미치는 모양으로 '미치다'를 뜻한다. 隶 부수의 글자는 '붙잡아서 복종시키는 노예, 예(隷)' 자가 있다.

隹 (새추)部 : 상형자

꼬리가 짧은 새를 본떠 '작은 새'를 뜻한다. **隹** 부수의 글자는 '새'와 관련 있는 뜻으로 쓰인다.

***隹**는 꼬리가 짧은 새, 鳥는 꼬리가 긴 새를 뜻하나 갑골문에서는 정확히 구별되어 있지 않다.

雨 (비우)部 : 상형자

하늘의 구름에서 물방울이 뚝뚝 떨어지는 모양을 본떠 '비'를 뜻한다. 雨 부수의 글자는 '기후', '날씨'와 관련 있는 뜻으로 쓰인다.

青 (푸를청)部 : 형성자

본래는 생(生 : 풀이 돋아나다)과 정(井 : 우물)으로 이루어진 글자. '우물 주변에 돋아난 풀'에서 '푸르다'를 뜻한다. 후에 井이 丹(단)으로 바뀌고, 生이 主로 바뀌어 靑이 되었다. 자형 분류상 부수로 설정되었다.

非 (아닐비)部 : 상형자

서로 등지고 좌우로 벌리는 모양을 본떠 '등지다', '어긋나다'를 뜻하나, 파생하여 부정(否定)의 조사로 쓰인다.

面 (낯면)部 : 지사자

사람의 머리 부분 모양. 얼굴 윤곽을 나타내는 '口(위)'를 더하여 사람의 '얼굴(낯)'을 뜻한다. 面 부수의 글자는 '얼굴'과 관련 있는 뜻으로 쓰인다.

革 (가죽혁)部 : 상형자

금문에서는 머리에서 꼬리까지 벗긴 짐승 가죽을 본떠 '가죽'을 뜻한다. 또 '改(개)'와 통하여 '바꾸다', '고치다'의 뜻으로도 쓰인다. 革 부수의 글자는 '가죽 제품'과 관련 있는 뜻으로 쓰인다.

韋 (다룸가죽위)部 : 회의자

어떤 장소(口)에서 다른 방향으로 발걸음을 내딛는 (舛) 모양에서 '어기다'를 뜻하였으나, 가차(假借)하여 '털을 뽑아 없앤 무두질한 가죽'의 뜻으로 쓰인다. 韋 부수의 글자는 '가죽 제품'과 관련 있는 뜻으로 쓰이나 '皮(피)', '革(혁)'과 구별하여 '다룸가죽위'라 일컫는다.

韭 (부추구)部 : 상형자

땅 위에 무리지어 나 있는 부추의 모양을 본떠 '부추'를 뜻한다. **韭** 부수의 글자는 '부추 요리'와 관련 있는 뜻으로 쓰인다.

音 (소리음)部 : 지사자

금문에서는 '言(언)'의 '口' 부분에 점을 하나 덧붙인 것으로 현악기, 관악기, 쇠, 돌, 풀, 나무 등에서 나는 '소리'를 뜻하였다. 音 부수의 글자는 '음향'과 관련 있는 뜻으로 쓰인다.

頁 (머리혈)部 : 상형자

사람의 머리 모양을 강조하여 본뜬 글자로 '머리'를 뜻한다. 頁 부수의 글자는 '머리 각 부위 기관'과 관련 있는 뜻으로 쓰인다.

風 (바람풍)部 : 상형 · 형성자

갑골문에서는 상형자로, 바람을 받는 돛 모양

과 바람처럼 자유로운 봉황새 모양으로 '바람'을 뜻하였으나, 뒤에 형성자의 **虫**(충 · 훼)+凡(범)으로 바뀌어 '풍운을 탄 용' 으로 쓰인다.

飛 (날비)部 : 상형자

새가 날개를 치고 나는 모양을 본떠 '날다' 를 뜻한다. 飛 부수의 글자는 '나는 것' 과 관련 있는 뜻으로 쓰인다.

食 (밥식)部 : 상형자

식기에 음식을 담고 뚜껑을 덮은 모양을 본떠 '음식', '먹다' 를 뜻한다. 食 부수의 글자는 '음식물', '먹는 행위' 와 관련 있는 뜻으로 쓰인다. 변으로 쓰일 때는 '飠' 모양이 된다.

首 (머리수)部 : 상형자

눈과 머리털을 강조한 머리 모양을 본떠 '머리' 를 뜻한다. 首 부수의 글자는 '머리' 와 관련 있는 뜻으로 쓰인다.

香 (향기향)部 : 회의자

'黍(기장 서)' 와 '甘(달 감)' 을 결합하여, 기장이나 술 따위, 제물 등에서 나는 '향기' 를 뜻한다. 香 부수의 글자는 '향기' 와 관련 있는 뜻으로 쓰인다.

馬 (말마)部 : 상형자

말의 머리와 갈기, 다리와 꼬리 등 말의 모양을 본떠 '말' 을 뜻한다. 馬 부수의 글자는 '말의 종류나 동작' 과 관련 있는 뜻으로 쓰인다.

骨 (뼈골)部 : 회의자

살 바를 과와 고기 육(肉, 月) 몸의 핵을 이루는 '뼈' 를 뜻한다. 骨 부수의 글자는 '몸의 각 부위의 뼈', '뼈로 만든 물건' 과 관련 있는 뜻으로 쓰인다.

高 (높을고)部 : 상형자

높고 큰 문 위의 누다락의 모양을 본떠 '높다' 를 뜻한다. 부수의 활용은 '높은 것' 을 뜻하지만 많이 쓰이지 않는다.

髟 (터럭발)部 : 회의자

긴 머리의 '長(장)' 과 길게 흘러내린 머리털 '彡(삼)' 의 상형. '머리가 길게 늘어진 모양' 을 나타낸다. **髟** 부수의 글자는 '머리털이나 수염, 그 상태' 와 관련 있는 뜻으로 쓰인다.

鬥 (싸울투)部 : 상형자

두 사람이 마주 대하여 싸우고 있는 모양을 본떠 '싸우다' 를 뜻한다. 鬥 부수의 글자는 '싸우다', '다투다' 와 관련 있는 뜻으로 쓰인다.

鬯 (술창)部 : 회의자

술 이름(울기장으로 빚은 술).
그릇(凵)에 쌀(米)을 넣고 숟가락(匕)을 곁들여서, 울기장 등으로 빚은 '창술' 을 뜻한다. 鬯 부수의 글자는 '술 향기', '술의 원료' 와 관련 있는 뜻으로 쓰인다.

鬲 (솥력)部 : 상형자

다리가 세 개인 솥을 본떠 '솥' 을 뜻한다. 鬲 부수의 글자는 '솥, 솥으로 찌는 일' 과 관련 있는 뜻으로 쓰인다.

鬼 (귀신귀)部 : 상형자

본래는 사람을 그린 것이었으나 머리 부분을 다르게 그려 살아있는 사람과 구별하였다. 鬼 부수의 글자는 '영혼', '초자연적인 것', '악신(惡神)' 과 관련 있는 뜻으로 쓰인다.

魚 (물고기어)部 : 상형자

물고기의 머리, 배, 비늘, 꼬리의 모양을 본떠 '물고기' 를 뜻한다. 魚 부수의 글자는 '물고기' 와 관련 있는 뜻으로 쓰인다.

鳥 (새조)部 : 상형자

꽁지가 짧은 새를 '隹(추)' 라 하는데 대하여, 꽁지가 긴 새를 일컬음. 새의 모양을 본떠 '새' 를 뜻한다. 鳥 부수의 글자는 '여러 종류의 새' 와 관련 있는 뜻으로 쓰인다.

鹵 (소금밭로)部 : 상형자

주머니에 싼 소금덩어리 모양을 본떠 '소금', '염밭' 을 뜻한다. 鹵 부수의 글자는 '소금', '염분' 과 관련 있는 뜻으로 쓰인다.

鹿 (사슴록)部 : 상형자

뿔이 있는 수사슴의 모양을 본떠 '사슴' 을 뜻한다. 鹿 부수의 글자는 '사슴 또는 그와 유사한 동물' 과 관련 있는 뜻으로 쓰인다.

麥 (보리맥)部 : 회의자

來(래 : 까끄라기가 있는 보리)와 뿌리내릴 치(夂). 땅 속 깊이 뿌리를 내린 보리를 뜻한다. 麥 부수의 글자는 '보리의 종류나 보리로 만든 것' 과 관련 있는 뜻으로 쓰인다.

麻 (삼마)部 : 회의자

돌집 엄(厂)과 삼의 껍질을 벗기는 모양. 겉껍질을 벗기기 쉬운 '삼' 을 뜻한다. 麻 부수의 글자는 '삼' 과 관련 있는 뜻으로 쓰인다.

黃 (누를황)部 : 상형자

밭의 빛깔이 누렇게 변하는 가을 들녘. '누런 빛' 을 뜻한다. 黃 부수의 글자는 '황색' 과 관련 있는 뜻으로 쓰인다.

黍 (기장서)部 : 상형 · 회의자

기장의 모양을 본떴는데, 禾(벼 화) 자보다 낟알이 흩어진 모습이다. 기장은 벼보다 낟알이 흩어져 핀다. 黍 부수의 글자는 차기장이 찰기가 있다는 데서 '차진 것' 과 관련 있는 뜻으로 쓰인다.

黑 (검을흑)部 : 상형자

위쪽의 굴뚝에 검댕이가 차고, 아래쪽에 불길이 오르는 모양을 본떠 '검다' 를 뜻한다. 黑 부수의 글자는 '검은 것' 과 관련 있는 뜻으로 쓰인다.

黹 (바느질할치)部 : 상형자

헝겊에 무늬를 수놓은 모양을 본떠 '자수' 를 뜻한다. 黹 부수의 글자는 '자수' 와 관련 있는 뜻으로 쓰인다.

黽 (맹꽁이맹)部 : 상형자

머리, 배, 네 개의 다리가 있는 맹꽁이 모양을 본떠 '맹꽁이', '힘쓰다' 를 뜻한다. 黽 부수의 글자는 '개구리나 거북이 등 물가에 사는 동물' 과 관련 있는 뜻으로 쓰인다.

鼎 (솥정)部 : 상형자

세 발, 또는 네 발 달린 솥의 모양을 본떠 '솥'을 뜻한다. 鼎 부수의 글자는 '솥' 과 관련 있는 뜻으로 쓰인다.

鼓 (북고)部 : 회의자

'壴(주)' 는 북을, '支(지)' 는 손에 채를 잡고 치는 모양을 본떠 '북', '북을 치다' 를 뜻한다. 鼓 부수의 글자는 '북', '북소리' 와 관련 있는 뜻으로 쓰인다.

鼠 (쥐서)部 : 상형자

이를 드러내고 있는 꼬리가 긴 쥐의 모양을 본떠 '쥐' 를 뜻한다. 鼠 부수의 글자는 '쥐', '쥐와 비슷한 동물' 과 관련 있는 뜻으로 쓰인다.

鼻 (코비)部 : 회의 · 형성자

갑골문과 금문은 코(自)를 본떴는데, 후에 음을 나타내는 '畀(비)' 를 덧붙였다. 鼻 부수의 글자는 '코의 상태' 나 '숨소리' 와 관련 있는 뜻으로 쓰인다.

齊 (가지런할제)部 : 상형자

보리나 벼 따위가 패서 이삭의 끝이 가지런한 모양을 본떠, '가지런하다' 를 뜻한다. 齊 부수의 글자는 글자 구성에 도움을 주면서 음의 역할만 한다.

齒 (이치)部 : 상형 · 형성자

갑골문은 '이, 이빨' 을 본떴다. '이' 에 '止(머무르다)' 를 덧붙여 형성자가 되었다. 물건을 물어 멈추게 하는 아래위의 '이, 이빨' 을 뜻한다. 齒 부수의 글자는 '이의 종류나 상태, 무는 일' 과 관련 있는 뜻으로 쓰인다.

龍 (용룡)部 : 상형자

머리에 뿔이 있고, 입을 벌리고 긴 몸뚱이를 가진 상상의 동물 '용' 을 뜻한다. 龍 부수의 글자는 '용' 과 관련 있는 뜻으로 쓰인다.

龜 (거북귀)部 : 상형자

거북은 고대에 신령한 동물로 여겨, 그 껍데기는 거북점에 썼다. 거북의 모양을 본떠, '거북' 을 뜻한다. 그 외 '터지다, 갈라지다(균)', '이름(구)' 의 뜻을 나타낸다.
龜 부수의 글자는 '거북' 과 관련 있는 뜻으로 쓰인다.

龠 (피리약)部 : 상형자

피리 모양을 본떠 '피리', '관악기' 를 뜻한다. 그 외 '한 홉의 10분의 1에 해당하는 용량의 단위' 로 쓰인다. 가운데는 피리의 구멍을 그린 것이다. 龠 부수의 글자는 '피리', '피리의 연주나 음률' 과 관련 있는 뜻으로 쓰인다.

5급 배정 한자 200자

價 값 가	可 옳을 가	加 더할 가	改 고칠 개	客 손 객
擧 들 거	去 갈 거	建 세울 건	件 물건 건	健 굳셀 건
格 격식 격	見 볼 견, 뵈올 현	決 결단할 결	結 맺을 결	敬 공경 경
景 볕 경	輕 가벼울 경	競 다툴 경	告 고할 고	考 생각할 고
固 굳을 고	曲 굽을 곡	課 공부할/과정 과	過 지날 과	關 관계할 관
觀 볼 관	廣 넓을 광	橋 다리 교	舊 예 구	具 갖출 구
救 구원할 구	局 판 국	貴 귀할 귀	規 법 규	給 줄 급
己 몸 기	基 터 기	技 재주 기	汽 물 끓는 김 기	期 기약할 기
吉 길할 길	念 생각 념	能 능할 능	團 둥글 단	壇 단 단
談 말씀 담	當 마땅 당	德 큰 덕	到 이를 도	島 섬 도

5급 배정 한자 200자

都 도읍 도	獨 홀로 독	落 떨어질 락	朗 밝을 랑	冷 찰 랭
良 어질 량	量 헤아릴 량	旅 나그네 려	歷 지날 력	練 익힐 련
領 거느릴 령	令 하여금 령	勞 일할 로	料 헤아릴 료	類 무리 류
流 흐를 류	陸 뭍 륙	馬 말 마	末 끝 말	望 바랄 망
亡 망할 망	賣 팔 매	買 살 매	無 없을 무	倍 곱 배
法 법 법	變 변할 변	兵 병사 병	福 복 복	奉 받들 봉
比 견줄 비	鼻 코 비	費 쓸 비	氷 얼음 빙	仕 섬길 사
士 선비 사	史 사기 사	思 생각 사	寫 베낄 사	査 조사할 사
産 낳을 산	相 서로 상	商 장사 상	賞 상줄 상	序 차례 서
仙 신선 선	鮮 고울 선	善 착할 선	船 배 선	選 가릴 선

5급 배정 한자 200자

說 말씀 **설**, 달랠 **세**	性 성품 **성**	歲 해 **세**	洗 씻을 **세**	束 묶을 **속**
首 머리 **수**	宿 잘 **숙**, 별자리 **수**	順 순할 **순**	示 보일 **시**	識 알 **식**, 기록할 **지**
臣 신하 **신**	實 열매 **실**	兒 아이 **아**	惡 악할 **악**, 미워할 **오**	案 책상 **안**
約 맺을 **약**	養 기를 **양**	魚 고기/물고기 **어**	漁 고기잡을 **어**	億 억 **억**
熱 더울 **열**	葉 잎 **엽**	屋 집 **옥**	完 완전할 **완**	要 요긴할 **요**
曜 빛날 **요**	浴 목욕할 **욕**	雨 비 **우**	友 벗 **우**	牛 소 **우**
雲 구름 **운**	雄 수컷 **웅**	元 으뜸 **원**	願 원할 **원**	原 언덕 **원**
院 집 **원**	偉 클 **위**	位 자리 **위**	以 써 **이**	耳 귀 **이**
因 인할 **인**	任 맡길 **임**	財 재물 **재**	材 재목 **재**	災 재앙 **재**
再 두 **재**	爭 다툴 **쟁**	貯 쌓을 **저**	的 과녁 **적**	赤 붉을 **적**

5급 배정 한자 200자

典 법 **전**	傳 전할 **전**	展 펼 **전**	節 마디 **절**	切 끊을 **절**, 온통 **체**
店 가게 **점**	情 뜻 **정**	停 머무를 **정**	調 고를 **조**	操 잡을 **조**
卒 마칠 **졸**	種 씨 **종**	終 마칠 **종**	罪 허물 **죄**	週 주일 **주**
州 고을 **주**	知 알 **지**	止 그칠 **지**	質 바탕 **질**	着 붙을 **착**
參 참여할 **참**, 석 **삼**	唱 부를 **창**	責 꾸짖을 **책**	鐵 쇠 **철**	初 처음 **초**
最 가장 **최**	祝 빌 **축**	充 채울 **충**	致 이를 **치**	則 법칙 **칙**, 곧 **즉**
打 칠 **타**	他 다를 **타**	卓 높을 **탁**	炭 숯 **탄**	宅 집 **택**
板 널 **판**	敗 패할 **패**	品 물건 **품**	必 반드시 **필**	筆 붓 **필**
河 물 **하**	寒 찰 **한**	害 해할 **해**	許 허락할 **허**	湖 호수 **호**
化 될 **화**	患 근심 **환**	效 본받을 **효**	凶 흉할 **흉**	黑 검을 **흑**

한자능력검정시험 안내

주　관　사단법인 한국어문회
시　행　한국한자능력검정회
구　분　• 교육급수 : 8급 · 7급 · 6급Ⅱ · 6급 · 5급 · 4급Ⅱ · 4급
　　　　　• 공인급수 : 3급Ⅱ · 3급 · 2급 · 1급

급수별 합격기준　1급은 출제 문항수의 80% 이상, 2급~8급은 70% 이상 득점하면 합격입니다.

급수별 합격 기준	8급	7급	6급Ⅱ	6급	5급	4급Ⅱ	4급	3급Ⅱ	3급	2급	1급
출제 문항수	50	70	80	90	100	100	100	150	150	150	200
합격 문항수	35	49	56	63	70	70	70	105	105	105	160
시험 시간(분)	50							60			90

유형별 출제 문항수

• 상위급수 한자는 모두 하위급수 한자를 포함하고 있습니다.
• 쓰기 배정 한자는 한두 아래 급수의 읽기 배정 한자이거나 그 범위 내에 있습니다.
• 아래의 출제 유형 기준표는 기본 지침 자료로서 출제자의 의도에 따라 약간의 차이가 있을 수 있습니다.

유형별 출제 문항수	8급	7급	6급Ⅱ	6급	5급	4급Ⅱ	4급	3급Ⅱ	3급	2급	1급
읽기 배정 한자	50	150	225	300	500	750	1,000	1,500	1,817	2,355	3,500
쓰기 배정 한자	0	0	50	150	300	400	500	750	1,000	1,817	2,005
독 음	24	32	32	33	35	35	32	45	45	45	50
훈 음	24	30	29	22	23	22	22	27	27	27	32
장단음	0	0	0	0	0	0	3	5	5	5	10
반의어	0	2	2	3	3	3	3	10	10	10	10
완성형	0	2	2	3	4	5	5	10	10	10	15
부 수	0	0	0	0	0	3	3	5	5	5	10
동의어	0	0	0	2	3	3	3	5	5	5	10
동음이의어	0	0	0	2	3	3	3	5	5	5	10
뜻풀이	0	2	2	2	3	3	3	5	5	5	10
약 자	0	0	0	0	3	3	3	3	3	3	3
한자쓰기	0	0	10	20	20	20	20	30	30	30	40

※ 이 외에 한국한자급수자격평가원 검정시험, 대한민국한자급수자격검정회 검정시험, 한국외국어자격평가원 검정시험 등이 있습니다.

[제1회] 한자능력검정시험 5급 실전 문제

문 항 수 : 100문항
합격문항 : 70문항
제한시간 : 50분

1. 다음 밑줄 친 漢字語의 讀音을 쓰세요.(1~35)

1 이 책의 定價는 얼마입니까? [ ]

2 어린이는 무한한 可能성을 지닌 꿈나무입니다. [ ]

3 시골집을 현대식으로 改良하였다. [ ]

4 그들은 3월 1일을 택하여 擧事하기로 하였다. [ ]

5 창고를 넓히기 위해 새로운 建物을 지었다. [ ]

6 편지 봉투는 정해진 格式에 맞추어 써야 한다. [ ]

7 교내 축구 시합에서 우리 반이 決勝에 올랐다. [ ]

8 시민들이 환경 보호 단체를 結成하였다. [ ]

9 일의 輕重을 가려서 중요한 것부터 처리합시다. [ ]

10 그는 심한 競爭을 뚫고 시험에 합격하였다. [ ]

11 구습의 固定 관념에 사로잡혀서는 발전이 없다. [ ]

12 너무 지나치게 過多한 욕심을 부리지 마라. [ ]

13 그 연극에는 많은 觀客이 몰려들었다. [ ]

14 사람들이 시청 廣場에 가득 모였다. [ ]

15 자네와 나는 오래 전부터 舊面이지요. [ ]

16 교통 사고에서 우선 救急 조치를 취했다. [ ]

17 局長님의 지시에 따라 서류를 작성했다. [ ]

18 우리는 학교 規則을 잘 지켰다. [ ]

19 오랜 시간 공부를 하니 能率이 오르지 않는다. [ ]

20 모든 일에는 基本이 튼튼해야 한다. [ ]

21 옛 선조들은 汽船을 타고 항해길에 올랐다. [ ]

22 우리는 다시 만날 期約도 없이 헤어지고 말았다. [ ]

23 오늘 밤 경찰이 음주 운전을 집중적으로 團束했다. [ ]

24 오늘의 귀빈들께서는 壇上에 오르십시오. [ ]

25 우리는 우리가 해야 할 일을 當然히 했을 뿐입니다. [ ]

26 그의 크나 큰 德行은 우리가 감히 따를 수가 없다. [ ]

27 우리는 뒤늦게 到着하여 본대와 합류하였다. [ ]

28 그의 獨善을 아무도 말릴 수 없었다. [ ]

29 落後된 시골 경제를 하루빨리 되살려야 한다. [ ]

30 철수는 선언문을 朗讀하기로 되어 있다. [ ]

31 영민이는 실력에 비해 성적이 良好한 편이다. [ ]

32 넓으신 度量으로 살펴 주시기 바랍니다. [ ]

33 상기 금액을 정히 領收합니다. [ ]

34 그동안 당신의 勞苦에 깊이 감사드립니다. [ ]

35 우리 어머니의 料理 솜씨는 동네에서도 알아준다. [ ]

2. 다음 漢字의 訓과 音을 쓰세요.(36~58)

例	定 → 정할 정

36 流 [ ] 37 勞 [ ] 38 令 [ ]

39 練 [ ] 40 歷 [ ] 41 良 [ ]

42 落 [ ] 43 技 [ ] 44 德 [ ]

45 能 [ ] 46 念 [ ] 47 己 [ ]
48 貴 [ ] 49 救 [ ] 50 具 [ ]
51 廣 [ ] 52 觀 [ ] 53 關 [ ]
54 過 [ ] 55 課 [ ] 56 固 [ ]
57 競 [ ] 58 考 [ ]

3. 다음 밑줄 친 漢字語를 漢字로 쓰세요.(59~73)

59 암흑의 치하에서 벗어나 광명을 되찾았다. [ ]
60 시내 버스 노선이 변경되었다. [ ]
61 과연 네 말대로 모든 일이 이루어졌다. [ ]
62 할머니께서는 병고에 시달리고 계신다. [ ]
63 나는 약자의 편에서 일하겠다. [ ]
64 너의 실수는 한 번으로 끝나는 것이 좋겠다. [ ]
65 너의 원대한 꿈을 기대해 보겠다. [ ]
66 이번 일은 우리 모두에게 사활이 걸린 문제이다. [ ]
67 철수는 주간에는 일을 하고 밤에 공부한다. [ ]
68 건전한 사회는 건전한 국민이 만든다. [ ]
69 햇볕이 잘 드는 양지에 식물이 잘 자란다. [ ]
70 이 서류에는 본인의 도장을 찍으시오. [ ]
71 오늘의 이 성과는 그동안 여러분이 노력한 덕분입니다. [ ]
72 아름다운 미담은 영원히 남습니다. [ ]
73 양복을 입고 예식장으로 향하였다. [ ]

4. 다음 訓과 音에 맞는 漢字를 쓰세요.(74~78)

74 가벼울 경 [ ] 75 별 경 [ ] 76 맺을 결 [ ]

77 값 가 [ ] 78 밝을 랑 [ ]

5. 다음 漢字와 뜻이 反對 또는 相對 되는 한자를 쓰세요.(79~81)

79 冷 ↔ [ ] 80 落 ↔ [ ] 81 吉 ↔ [ ]

6. 다음 ( ) 안에 들어갈 가장 잘 어울리는 漢字語를 〈例〉에서 찾아 그 번호를 써서 漢字語를 만드세요.(82~85)

例				
	① 見聞	② 見物	③ 固定	④ 古正
	⑤ 愛正	⑥ 愛人	⑦ 多情	⑧ 多定

82 ( )多感 83 ( )生心

84 敬天( ) 85 ( )觀念

7. 다음 漢字와 뜻이 같거나 뜻이 비슷한 漢字를 〈例〉에서 찾아 그 번호를 쓰세요.(86~88)

例	① 見	② 思	③ 結	④ 行	⑤ 術	⑥ 道

86 考 [ ] 87 去 [ ] 88 技 [ ]

8. 다음 글에서 밑줄 친 뜻에 맞는 漢字語를 찾아 그 번호를 쓰세요.(89~91)

89 멀리 보이는 산천의 경관에 우리는 모두가 놀랐다. [ ]

① 風景 ② 山川 ③ 景觀 ④ 景致

90 텔레비전 광고의 효과를 톡톡히 보았다. [ ]

① 廣高 ② 廣告 ③ 光告 ④ 光高

91 저 물건은 구식이라 잘 팔리지 않는다. [ ]

① 舊式 ② 舊食 ③ 具式 ④ 具食

9. 다음 뜻풀이에 맞는 漢字語를 〈例〉에서 찾아 그 번호를 쓰세요.(92~94)

例			
	① 短體	② 金料	③ 給料
	④ 團體	⑤ 力任	⑥ 歷任

92 노력에 대한 보수. 일급, 월급 따위. [ ]

93 공공의 목적을 가지고 결성한 집단. [ ]

94 여러 벼슬을 차례로 지냄. [ ]

10. 다음 漢字의 略字(약자 : 획수를 줄인 漢字)를 쓰세요.(95~97)

例	
	學 → 学

95 練 [ ] 96 關 [ ] 97 擧 [ ]

11. 다음 漢字의 진하게 표시한 획은 몇 번째 쓰는지 〈例〉에서 찾아 그 번호를 쓰세요.(98~100)

例				
	① 두 번째	② 세 번째	③ 네 번째	④ 다섯 번째
	⑤ 여섯 번째	⑥ 일곱 번째	⑦ 여덟 번째	⑧ 아홉 번째

98 件 [ ] 99 局 [ ] 100 冷 [ ]

[제2회] 한자능력검정시험 5급 실전 문제

문 항 수 : 100문항
합격문항 : 70문항
제한시간 : 50분

1. 다음 밑줄 친 漢字語의 讀音을 쓰세요.(1~35)

1 배가 오랜 항해 끝에 陸地에 닿았다. [ ]

2 우리 선조들은 한때 亡國의 한을 지닌 적이 있었다. [ ]

3 극장 賣票所에 표를 사려는 사람들이 늘어서 있다. [ ]

4 그는 경제에 無知한 사람이었다. [ ]

5 4와 6은 그의 倍數이다. [ ]

6 그녀는 매주 토요일마다 奉仕하기 위해 노인정에 들른다. [ ]

7 우리 삼촌은 士兵으로 군대 생활을 마쳤다. [ ]

8 글을 잘 쓰기 위해 논리적인 思考를 길러야 한다. [ ]

9 경찰은 사고 원인을 철저히 調査했다. [ ]

10 우리 지방의 대표적 産物은 사과이다. [ ]

11 너는 달리기에 있어 나와 相對가 안 된다. [ ]

12 우리 商店은 신선한 야채를 전문으로 판매한다. [ ]

13 민수는 달리기에 1등하여 賞品으로 공책을 받았다. [ ]

14 仙女와 나뭇꾼의 이야기는 들을수록 재미가 있다. [ ]

15 이 생선은 鮮度가 싱싱하다. [ ]

16 나는 우리 반 축구 選手에 뽑혔다. [ ]

17 너는 性格이 급한 것이 단점이다. [ ]

18 우리 할아버지 年歲는 팔십이시다. [ ]

19 그녀는 洗練된 태도로 손님들을 맞이했다. [ ]

20 대한민국의 首都는 서울이다. [ ]

21 너와 나의 이별을 宿命으로 받아들이자. [ ]

22 우리는 順理에 따라 세상을 살기로 했다. [ ]

23 그는 보고 들은 것이 많아 識見이 넓다. [ ]

24 너는 사진보다 實物이 한결 아름답다. [ ]

25 우리 선생님은 兒童 문학 작가이시다. [ ]

26 물건을 제때에 납품하기로 約定했다. [ ]

27 우리 모두 熱心히 공부하여 좋은 성적을 얻자. [ ]

28 어머니가 屋上에서 빨래를 널고 계신다. [ ]

29 오랫만에 우리 팀이 完全한 승리를 거두었다. [ ]

30 다음 글을 읽고 要約해서 설명하시오. [ ]

31 그 형제는 어려서부터 友愛가 깊다. [ ]

32 사람들이 구름처럼 雲集하였다. [ ]

33 충무공은 우리 민족의 英雄이시다. [ ]

34 漁夫들이 배를 타고 고기를 잡고 있다. [ ]

35 우리의 행실에 있어 善惡을 구별해야 한다. [ ]

2. 다음 漢字의 訓과 音을 쓰세요.(36~58)

例 文 → 글월 문

36 望 [ ] 37 兵 [ ] 38 法 [ ]

39 福 [ ] 40 比 [ ] 41 費 [ ]

42 氷 [ ] 43 史 [ ] 44 寫 [ ]

45 査 [ ]　46 商 [ ]　47 相 [ ]
48 序 [ ]　49 選 [ ]　50 性 [ ]
51 洗 [ ]　52 束 [ ]　53 宿 [ ]
54 順 [ ]　55 實 [ ]　56 案 [ ]
57 約 [ ]　58 要 [ ]

3. 다음 밑줄 친 漢字語를 漢字로 쓰세요.(59~73)

59 우리는 부모님께 실망을 끼쳐서는 안 됩니다. [ ]
60 친구로부터 망신당하지 않기 위해 열심히 공부하자. [ ]
61 성공하기 위해 노력을 더욱 더 배가 합시다. [ ]
62 교통 법규를 준수합시다. [ ]
63 요즘은 하루가 다르게 변화하는 세상이 되었습니다. [ ]
64 행복은 자기 마음속에 있습니다. [ ]
65 우리 학교는 100년의 역사를 가지고 있습니다. [ ]
66 야외에서 사생 대회를 열기로 하였다. [ ]
67 그녀는 오랜 산고 끝에 아기를 낳았다. [ ]
68 입상자에게는 상장과 상금을 수여합니다. [ ]
69 모든 일에는 다 순서가 있다. [ ]
70 그는 더없이 선량한 사람이다. [ ]
71 약속은 반드시 지켜야 합니다. [ ]
72 그들 자매는 외할머니에게서 양육되었다. [ ]
73 우리나라에도 우주선이 드디어 완성되었습니다. [ ]

4. 다음 訓과 音에 맞는 漢字를 쓰세요.(74~78)

74 책상 안 [ ] 75 기를 양 [ ] 76 차례 서 [ ]

77 순할 순 [ ] 78 해 세 [ ]

5. 다음 漢字와 뜻이 反對 또는 相對 되는 한자를 쓰세요.(79~81)

79 始↔[ ] 80 福↔[ ] 81 賣↔[ ]

6. 다음 ( ) 안에 들어갈 가장 잘 어울리는 漢字語를 〈例〉에서 찾아 그 번호를 써서 漢字語를 만드세요.(82~85)

例 ①友後 ②雨後 ③實事 ④實死
⑤長者 ⑥長字 ⑦家屋 ⑧家玉

82 ( )求是 83 億萬( )

84 屋上( ) 85 ( )竹筍

7. 다음 漢字와 뜻이 같거나 뜻이 비슷한 漢字를 〈例〉에서 찾아 그 번호를 쓰세요.(86~88)

例 ① 念 ② 有 ③ 規 ④ 法 ⑤ 堂 ⑥ 無

86 法 [ ] 87 思 [ ] 88 屋 [ ]

8. 다음 글에서 밑줄 친 뜻에 맞는 漢字語를 찾아 그 번호를 쓰세요.(89~91)

89 우리나라 자동차 산업은 세계에서도 알아준다. [ ]

① 生産 ② 商業 ③ 産業 ④ 産出

90 우리는 순조롭게 여행 일정을 모두 맞추었다. [　　　　]

① 順理　② 順祖　③ 順朝　④ 順調

91 그녀는 수많은 악담에도 꿋꿋이 자신을 지켰다. [　　　　]

① 惡德　② 惡談　③ 惡答　④ 凶惡

9. 다음 뜻풀이에 맞는 漢字語를 〈例〉에서 찾아 그 번호를 쓰세요.(92~94)

例			
	① 漁場	② 養老	③ 浴室
	④ 漁業	⑤ 老人	⑥ 浴實

92 목욕하는 설비가 되어 있는 방. [　　　　]

93 물고기나 조개 따위를 잡거나 양식을 하는 사업. [　　　　]

94 노인을 돌보아 편안히 지내게 함. [　　　　]

10. 다음 漢字의 略字(약자 : 획수를 줄인 漢字)를 쓰세요.(95~97)

例: 實 → 実

95 變 [　　　　]　96 寫 [　　　　]　97 輕 [　　　　]

11. 다음 漢字의 진하게 표시한 획은 몇 번째 쓰는지 〈例〉에서 찾아 그 번호를 쓰세요.(98~100)

例				
	① 두 번째	② 세 번째	③ 네 번째	④ 다섯 번째
	⑤ 여섯 번째	⑥ 일곱 번째	⑦ 여덟 번째	⑧ 아홉 번째

98 奉 [　]　99 商 [　]　100 要 [　]

[제3회] 한자능력검정시험 5급 실전 문제

문 항 수 : 100문항
합격문항 : 70문항
제한시간 : 50분

1. 다음 밑줄 친 漢字語의 讀音을 쓰세요.(1~35)

1 그 물건을 元來 있던 자리에 갖다 놓으시오. [ ]

2 아인슈타인의 상대성 原理. [ ]

3 오늘은 病院에 입원한 친구에게 병문안을 가야겠다. [ ]

4 그 분은 후세를 위해 偉大한 업적을 남기셨다. [ ]

5 독후감을 원고지 열 장 以內로 쓰시오. [ ]

6 어느덧 耳順의 나이를 넘겼습니다. [ ]

7 우리는 낡은 因習에서 과감히 벗어나야 한다. [ ]

8 우리 누나는 교사 任用 시험에 당당히 합격하였다. [ ]

9 어려운 회사를 再建하기 위해 새롭게 각오합시다. [ ]

10 철수는 용돈의 일부를 꼭꼭 貯金했다. [ ]

11 북한은 赤化통일 야욕을 하루빨리 버려야 한다. [ ]

12 展示된 작품에 손을 대지 마시오. [ ]

13 오랜만에 만난 우리는 시간 가는 줄 모르고 情談을 나누었다. [ ]

14 버스 停車場에 어머니가 마중 나와 계셨다. [ ]

15 된장찌개도 調理 방법에 따라 맛이 다르다. [ ]

16 이제야 가까스로 卒兵 생활을 면하게 되었다. [ ]

17 탐관오리가 국민의 재산을 着服하였다. [ ]

18 남의 일에 일일이 參見하지 않았으면 좋겠다. [ ]

19 그 잘못된 일은 내 責任이 크다. [ ]

20 이 문제는 初級에 해당되는 사항입니다. [ ]

21 우리 회사는 最高의 제품만을 생산합니다. [ ]

22 나는 이 게임의 法則을 모른다. [ ]

23 들판에서 벼를 打作하는 농부의 손길이 바쁘다. [ ]

24 옛날에는 石炭으로 땔감을 삼았다. [ ]

25 집을 짓기 위해 새로운 宅地가 조성되었다. [ ]

26 사람은 어디에 있으나 올바른 品位를 유지해야 한다. [ ]

27 敗戰의 아픈 과거를 가지고 있는 나라. [ ]

28 학생들은 수업 내용을 筆記하느라 바빴다. [ ]

29 맑아진 河川에서 물고기가 다시 노닐었다. [ ]

30 지난 겨울에는 날씨가 추워 寒氣에 몸을 떨었다. [ ]

31 담배는 건강에 끼치는 害惡이 크다. [ ]

32 공룡의 化石이 새롭게 발견되었다는 보도가 있었다. [ ]

33 患者의 몸 상태가 아주 안 좋습니다. [ ]

34 올해는 오랜 가뭄으로 凶年이다. [ ]

35 그 회사는 어려운 여건 속에서도 黑字를 냈다. [ ]

2. 다음 漢字의 訓과 音을 쓰세요.(36~58)

例	校 → 학교 교

36 材 [ ] 37 害 [ ] 38 河 [ ]

39 炭 [ ] 40 財 [ ] 41 初 [ ]

42 參 [ ] 43 着 [ ] 44 知 [ ]

45 州 [ ] 46 耳 [ ] 47 終 [ ]

48 卒 [ ] 49 調 [ ] 50 停 [ ]

51 情 [ ] 52 以 [ ] 53 典 [ ]

54 赤 [ ] 55 的 [ ] 56 貯 [ ]

57 災 [ ] 58 再 [ ]

3. 다음 밑줄 친 漢字語를 漢字로 쓰세요.(59~73)

59 무더위에 원기가 많이 빠진 듯하다. [ ]

60 원시인의 생활상을 탐구하기 위해 옛 토성을 찾았다. [ ]

61 당신의 지위를 너무 남용해서는 안 됩니다. [ ]

62 모든 일에는 인과응보가 있음을 명심하시오. [ ]

63 요리 실습의 재료를 구하고자 한다. [ ]

64 또다시 동족 상잔의 전쟁이 일어나선 안 됩니다. [ ]

65 이 책은 시험에 적중할 것이다. [ ]

66 나는 안중근 의사의 전기를 읽었다. [ ]

67 또다시 뒤에서 흉계를 꾸미지 말라. [ ]

68 이 약의 효능은 믿을 만 합니까? [ ]

69 뒷동산 풀밭에 토끼풀이 허다하다. [ ]

70 우리는 삶의 필요에 의해 열심히 노력한다. [ ]

71 당장 필요한 돈을 회비에서 충당하기로 했다. [ ]

72 당신과 나는 초면인 듯하오. [ ]

73 이 원서에는 최근에 찍은 사진을 부착하시오. [ ]

4. 다음 訓과 音에 맞는 漢字를 쓰세요.(74~78)

74 착할 한 [ ] 75 물건 품 [ ] 76 바탕 질 [ ]

77 그칠 지 [ ] 78 끊을 절, 온통 체 [ ]

5. 다음 漢字와 뜻이 反對 또는 相對 되는 한자를 쓰세요.(79~81)

79 他 ↔ [ ] 80 炭 ↔ [ ] 81 敗 ↔ [ ]

6. 다음 ( ) 안에 들어갈 가장 잘 어울리는 漢字語를 〈例〉에서 찾아 그 번호를 써서 漢字語를 만드세요.(82~85)

例

① 耳木 ② 耳目 ③ 以實 ④ 利實
⑤ 傳心 ⑥ 前心 ⑦ 之變 ⑧ 地變

82 ( )直告 83 以心( )

84 天災( ) 85 ( )口鼻

7. 다음 漢字와 뜻이 같거나 뜻이 비슷한 漢字를 〈例〉에서 찾아 그 번호를 쓰세요.(86~88)

例 ① 初 ② 終 ③ 化 ④ 家 ⑤ 地 ⑥ 性

86 變 [ ] 87 宅 [ ] 88 始 [ ]

8. 다음 漢字와 音이 같은데 뜻이 다른 漢字를 〈例〉에서 찾아 그 번호를 쓰세요.(89~91)

例 ① 希 ② 傳 ③ 法 ④ 災 ⑤ 原 ⑥ 貨

89 願 [ ] 90 典 [ ] 91 財 [ ]

9. 다음 뜻풀이에 맞는 漢字語를 〈例〉에서 찾아 그 번호를 쓰세요.(92~94)

例			
	① 操和	② 種族	③ 種足
	④ 調和	⑤ 任命	⑥ 任期

92 일정한 책임을 맡아보는 기간. [ ]

93 이것과 저것이 서로 잘 어울림. [ ]

94 혈통이나 언어, 풍속 등이 같은 집단. [ ]

10. 다음 漢字의 略字(약자 : 획수를 줄인 漢字)를 쓰세요.(95~97)

例 體 → 体

95 爭 [ ] 96 傳 [ ] 97 氷 [ ]

11. 다음 漢字의 진하게 표시한 획은 몇 번째 쓰는지 〈例〉에서 찾아 그 번호를 쓰세요.(98~100)

例				
	① 두 번째	② 세 번째	③ 네 번째	④ 다섯 번째
	⑤ 여섯 번째	⑥ 일곱 번째	⑦ 여덟 번째	⑧ 아홉 번째

98 黑 [ ] 99 寒 [ ] 100 週 [ ]

[제1회] 한자능력검정시험 5급 예상 문제 – 답안지

■ 사단법인 한국어문회 · 한국한자능력검정회 ※5급 과정을 마친 후 예상 문제 답을 이곳에 쓰세요. 501 ■

수험번호 □□□ – □□ – □□□□□ 성명 □□□□□

주민등록번호 □□□□□□ – □□□□□□□ ※유성 싸인펜, 붉은색 필기구 사용 불가.

※ 답안지는 컴퓨터로 처리되므로 구기거나 더럽히지 마시고, 정답 칸 안에만 쓰십시오. 글씨가 채점란으로 들어오면 오답처리가 됩니다.

제 회 전국한자능력검정시험 5급 답안지(1) (시험시간 50분)

답안란		채점란		답안란		채점란		답안란		채점란	
번호	정답	1검	2검	번호	정답	1검	2검	번호	정답	1검	2검
1				17				33			
2				18				34			
3				19				35			
4				20				36			
5				21				37			
6				22				38			
7				23				39			
8				24				40			
9				25				41			
10				26				42			
11				27				43			
12				28				44			
13				29				45			
14				30				46			
15				31				47			
16				32				48			

감독위원	채점위원(1)		채점위원(2)		채점위원(3)	
(서명)	(득점)	(서명)	(득점)	(서명)	(득점)	(서명)

※ 답안지는 컴퓨터로 처리되므로 구기거나 더럽히지 마시고, 정답 칸 안에만 쓰십시오.
글씨가 채점란으로 들어오면 오답처리가 됩니다.

제 회 전국한자능력검정시험 5급 답안지(2)

답안란		채점란		답안란		채점란		답안란		채점란	
번호	정답	1검	2검	번호	정답	1검	2검	번호	정답	1검	2검
49				67				85			
50				68				86			
51				69				87			
52				70				88			
53				71				89			
54				72				90			
55				73				91			
56				74				92			
57				75				93			
58				76				94			
59				77				95			
60				78				96			
61				79				97			
62				80				98			
63				81				99			
64				82				100			
65				83							
66				84							

[제2회] 한자능력검정시험 5급 예상 문제 – 답안지

■ 사단법인 한국어문회 · 한국한자능력검정회 ※5급 과정을 마친 후 예상 문제 답을 이곳에 쓰세요. 501 ■

수험번호 □□□ – □□ – □□□□□ 성명 □□□□□

주민등록번호 □□□□□□ – □□□□□□□ ※유성 싸인펜, 붉은색 필기구 사용 불가.

※ 답안지는 컴퓨터로 처리되므로 구기거나 더럽히지 마시고, 정답 칸 안에만 쓰십시오. 글씨가 채점란으로 들어오면 오답처리가 됩니다.

제 회 전국한자능력검정시험 5급 답안지(1) (시험시간 50분)

답안란		채점란		답안란		채점란		답안란		채점란	
번호	정답	1검	2검	번호	정답	1검	2검	번호	정답	1검	2검
1				17				33			
2				18				34			
3				19				35			
4				20				36			
5				21				37			
6				22				38			
7				23				39			
8				24				40			
9				25				41			
10				26				42			
11				27				43			
12				28				44			
13				29				45			
14				30				46			
15				31				47			
16				32				48			

감독위원	채점위원(1)		채점위원(2)		채점위원(3)	
(서명)	(득점)	(서명)	(득점)	(서명)	(득점)	(서명)

※ 답안지는 컴퓨터로 처리되므로 구기거나 더럽히지 마시고, 정답 칸 안에만 쓰십시오.
글씨가 채점란으로 들어오면 오답처리가 됩니다.

제 회 전국한자능력검정시험 5급 답안지(2)

답안란		채점란		답안란		채점란		답안란		채점란	
번호	정답	1검	2검	번호	정답	1검	2검	번호	정답	1검	2검
49				67				85			
50				68				86			
51				69				87			
52				70				88			
53				71				89			
54				72				90			
55				73				91			
56				74				92			
57				75				93			
58				76				94			
59				77				95			
60				78				96			
61				79				97			
62				80				98			
63				81				99			
64				82				100			
65				83							
66				84							

[제3회] 한자능력검정시험 5급 예상 문제 - 답안지

사단법인 한국어문회 · 한국한자능력검정회 ※5급 과정을 마친 후 예상 문제 답을 이곳에 쓰세요. 501

수험번호 □□□ - □□ - □□□□ 성명 □□□□□

주민등록번호 □□□□□□ - □□□□□□□ ※유성 싸인펜, 붉은색 필기구 사용 불가.

※ 답안지는 컴퓨터로 처리되므로 구기거나 더럽히지 마시고, 정답 칸 안에만 쓰십시오. 글씨가 채점란으로 들어오면 오답처리가 됩니다.

제 회 전국한자능력검정시험 5급 답안지(1) (시험시간 50분)

답안란		채점란		답안란		채점란		답안란		채점란	
번호	정답	1검	2검	번호	정답	1검	2검	번호	정답	1검	2검
1				17				33			
2				18				34			
3				19				35			
4				20				36			
5				21				37			
6				22				38			
7				23				39			
8				24				40			
9				25				41			
10				26				42			
11				27				43			
12				28				44			
13				29				45			
14				30				46			
15				31				47			
16				32				48			

감독위원	채점위원(1)		채점위원(2)		채점위원(3)	
(서명)	(득점)	(서명)	(득점)	(서명)	(득점)	(서명)

※ 답안지는 컴퓨터로 처리되므로 구기거나 더럽히지 마시고, 정답 칸 안에만 쓰십시오.
글씨가 채점란으로 들어오면 오답처리가 됩니다.

제 회 전국한자능력검정시험 5급 답안지(2)

답안란		채점란		답안란		채점란		답안란		채점란	
번호	정답	1검	2검	번호	정답	1검	2검	번호	정답	1검	2검
49				67				85			
50				68				86			
51				69				87			
52				70				88			
53				71				89			
54				72				90			
55				73				91			
56				74				92			
57				75				93			
58				76				94			
59				77				95			
60				78				96			
61				79				97			
62				80				98			
63				81				99			
64				82				100			
65				83							
66				84							

[제4회] 한자능력검정시험 5급 예상 문제 – 답안지

■ 사단법인 한국어문회 · 한국한자능력검정회　　※5급 과정을 마친 후 예상 문제 답을 이곳에 쓰세요.　　501 ■

수험번호 □□□ – □□ – □□□□　　성명 □□□□□

주민등록번호 □□□□□□ – □□□□□□□　　※유성 싸인펜, 붉은색 필기구 사용 불가.

※ 답안지는 컴퓨터로 처리되므로 구기거나 더럽히지 마시고, 정답 칸 안에만 쓰십시오. 글씨가 채점란으로 들어오면 오답처리가 됩니다.

제　회 전국한자능력검정시험 5급 답안지(1)　(시험시간 50분)

답안란		채점란		답안란		채점란		답안란		채점란	
번호	정답	1검	2검	번호	정답	1검	2검	번호	정답	1검	2검
1				17				33			
2				18				34			
3				19				35			
4				20				36			
5				21				37			
6				22				38			
7				23				39			
8				24				40			
9				25				41			
10				26				42			
11				27				43			
12				28				44			
13				29				45			
14				30				46			
15				31				47			
16				32				48			

감독위원	채점위원(1)		채점위원(2)		채점위원(3)	
(서명)	(득점)	(서명)	(득점)	(서명)	(득점)	(서명)

※ 답안지는 컴퓨터로 처리되므로 구기거나 더럽히지 마시고, 정답 칸 안에만 쓰십시오.
글씨가 채점란으로 들어오면 오답처리가 됩니다.

제 회 전국한자능력검정시험 5급 답안지(2)

답안란		채점란		답안란		채점란		답안란		채점란	
번호	정답	1검	2검	번호	정답	1검	2검	번호	정답	1검	2검
49				67				85			
50				68				86			
51				69				87			
52				70				88			
53				71				89			
54				72				90			
55				73				91			
56				74				92			
57				75				93			
58				76				94			
59				77				95			
60				78				96			
61				79				97			
62				80				98			
63				81				99			
64				82				100			
65				83							
66				84							

[제1회] 한자능력검정시험 5급 실전 문제 – 답안지

■ 사단법인 한국어문회 · 한국한자능력검정회　　※5급 과정을 마친 후 실전 문제 답을 이곳에 쓰세요.　　501 ■

수험번호 □□□ – □□ – □□□□□　　성명 □□□□□

주민등록번호 □□□□□□ – □□□□□□□　　※유성 싸인펜, 붉은색 필기구 사용 불가.

※ 답안지는 컴퓨터로 처리되므로 구기거나 더럽히지 마시고, 정답 칸 안에만 쓰십시오. 글씨가 채점란으로 들어오면 오답처리가 됩니다.

제　회 전국한자능력검정시험 5급 답안지(1)　(시험시간 50분)

답안란		채점란		답안란		채점란		답안란		채점란	
번호	정답	1검	2검	번호	정답	1검	2검	번호	정답	1검	2검
1				17				33			
2				18				34			
3				19				35			
4				20				36			
5				21				37			
6				22				38			
7				23				39			
8				24				40			
9				25				41			
10				26				42			
11				27				43			
12				28				44			
13				29				45			
14				30				46			
15				31				47			
16				32				48			

감독위원	채점위원(1)		채점위원(2)		채점위원(3)	
(서명)	(득점)	(서명)	(득점)	(서명)	(득점)	(서명)

※ 답안지는 컴퓨터로 처리되므로 구기거나 더럽히지 마시고, 정답 칸 안에만 쓰십시오.
글씨가 채점란으로 들어오면 오답처리가 됩니다.

제 회 전국한자능력검정시험 5급 답안지(2)

답안란		채점란		답안란		채점란		답안란		채점란	
번호	정답	1검	2검	번호	정답	1검	2검	번호	정답	1검	2검
49				67				85			
50				68				86			
51				69				87			
52				70				88			
53				71				89			
54				72				90			
55				73				91			
56				74				92			
57				75				93			
58				76				94			
59				77				95			
60				78				96			
61				79				97			
62				80				98			
63				81				99			
64				82				100			
65				83							
66				84							

[제2회] 한자능력검정시험 5급 실전 문제 – 답안지

■ 사단법인 한국어문회 · 한국한자능력검정회 ※5급 과정을 마친 후 실전 문제 답을 이곳에 쓰세요. 501 ■

수험번호 □□□-□□-□□□□□ 성명 □□□□□

주민등록번호 □□□□□□-□□□□□□□ ※유성 싸인펜, 붉은색 필기구 사용 불가.

※ 답안지는 컴퓨터로 처리되므로 구기거나 더럽히지 마시고, 정답 칸 안에만 쓰십시오. 글씨가 채점란으로 들어오면 오답처리가 됩니다.

제 회 전국한자능력검정시험 5급 답안지(1) (시험시간 50분)

답안란		채점란		답안란		채점란		답안란		채점란	
번호	정답	1검	2검	번호	정답	1검	2검	번호	정답	1검	2검
1				17				33			
2				18				34			
3				19				35			
4				20				36			
5				21				37			
6				22				38			
7				23				39			
8				24				40			
9				25				41			
10				26				42			
11				27				43			
12				28				44			
13				29				45			
14				30				46			
15				31				47			
16				32				48			

감독위원	채점위원(1)		채점위원(2)		채점위원(3)	
(서명)	(득점)	(서명)	(득점)	(서명)	(득점)	(서명)

※ 답안지는 컴퓨터로 처리되므로 구기거나 더럽히지 마시고, 정답 칸 안에만 쓰십시오.
글씨가 채점란으로 들어오면 오답처리가 됩니다.

제 회 전국한자능력검정시험 5급 답안지(2)

답안란		채점란		답안란		채점란		답안란		채점란	
번호	정답	1검	2검	번호	정답	1검	2검	번호	정답	1검	2검
49				67				85			
50				68				86			
51				69				87			
52				70				88			
53				71				89			
54				72				90			
55				73				91			
56				74				92			
57				75				93			
58				76				94			
59				77				95			
60				78				96			
61				79				97			
62				80				98			
63				81				99			
64				82				100			
65				83							
66				84							

[제3회] 한자능력검정시험 5급 실전 문제 – 답안지

■ 사단법인 한국어문회 · 한국한자능력검정회 ※5급 과정을 마친 후 실전 문제 답을 이곳에 쓰세요. 501 ■

수험번호 □□□ – □□ – □□□□ 성명 □□□□□

주민등록번호 □□□□□□ – □□□□□□□ ※유성 싸인펜, 붉은색 필기구 사용 불가.

※ 답안지는 컴퓨터로 처리되므로 구기거나 더럽히지 마시고, 정답 칸 안에만 쓰십시오. 글씨가 채점란으로 들어오면 오답처리가 됩니다.

제 회 전국한자능력검정시험 5급 답안지(1) (시험시간 50분)

답안란		채점란		답안란		채점란		답안란		채점란	
번호	정답	1검	2검	번호	정답	1검	2검	번호	정답	1검	2검
1				17				33			
2				18				34			
3				19				35			
4				20				36			
5				21				37			
6				22				38			
7				23				39			
8				24				40			
9				25				41			
10				26				42			
11				27				43			
12				28				44			
13				29				45			
14				30				46			
15				31				47			
16				32				48			

감독위원	채점위원(1)		채점위원(2)		채점위원(3)	
(서명)	(득점)	(서명)	(득점)	(서명)	(득점)	(서명)

※ 답안지는 컴퓨터로 처리되므로 구기거나 더럽히지 마시고, 정답 칸 안에만 쓰십시오.
글씨가 채점란으로 들어오면 오답처리가 됩니다.

제 회 전국한자능력검정시험 5급 답안지(2)

답안란		채점란		답안란		채점란		답안란		채점란	
번호	정답	1검	2검	번호	정답	1검	2검	번호	정답	1검	2검
49				67				85			
50				68				86			
51				69				87			
52				70				88			
53				71				89			
54				72				90			
55				73				91			
56				74				92			
57				75				93			
58				76				94			
59				77				95			
60				78				96			
61				79				97			
62				80				98			
63				81				99			
64				82				100			
65				83							
66				84							

■ ■

[제1회] 한자능력검정시험 5급 예상 문제 정답

1 가격 **2** 개선 **3** 객석 **4** 선거 **5** 거래 **6** 건국 **7** 사건 **8** 건전 **9** 합격 **10** 견학 **11** 결정 **12** 경로 **13** 풍경 **14** 경기 **15** 고백 **16** 참고 **17** 고유 **18** 과거 **19** 과목 **20** 관심 **21** 관광 **22** 광고 **23** 육교 **24** 구현 **25** 국면 **26** 귀중 **27** 규격 **28** 급식 **29** 기금 **30** 염원 **31** 능력 **32** 문단 **33** 당국 **34** 덕분 **35** 도착 **36** 고칠 개 **37** 들 거 **38** 손 객 **39** 값 가 **40** 세울 건 **41** 물건 건 **42** 볼 견, 뵈올 현 **43** 굳셀 건 **44** 격식 격 **45** 결단할 결 **46** 공경 경 **47** 물 끓는 김 기 **48** 섬 도 **49** 기약할 기 **50** 이를 도 **51** 말씀 담 **52** 단 단 **53** 둥글 단 **54** 터 기 **55** 줄 급 **56** 법 규 **57** 판 국 **58** 다리 교 **59** 可決 **60** 見聞 **61** 結果 **62** 景致 **63** 敬意 **64** 輕視 **65** 曲線 **66** 舊習 **67** 救急 **68** 利己心 **69** 技術 **70** 期間 **71** 汽車 **72** 吉日 **73** 團結 **74** 德 **75** 當 **76** 能 **77** 念 **78** 技 **79** 否 **80** 來 **81** 直 **82** ④ **83** ⑤ **84** ⑦ **85** ② **86** ④ **87** ⑤ **88** ② **89** ③ **90** ④ **91** ② **92** ③ **93** ② **94** ⑤ **95** 挙 **96** 軽 **97** 価 **98** ⑥ **99** ④ **100** ③

[제2회] 한자능력검정시험 5급 예상 문제 정답

1 수도 **2** 독도 **3** 낙엽 **4** 낭보 **5** 양민 **6** 여행 **7** 역사 **8** 연습 **9** 영토 **10** 명령 **11** 노동 **12** 요금 **13** 유배지 **14** 말기 **15** 망향 **16** 망명 **17** 무상 **18** 법규 **19** 변화 **20** 병사 **21** 봉양 **22** 비골 **23** 비용 **24** 빙수 **25** 사기 **26** 사기 **27** 사상 **28** 사진 **29** 사찰 **30** 상담 **31** 상품 **32** 서론 **33** 선명 **34** 선거 **35** 선의 **36** 홀로 독 **37** 찰 랭 **38** 헤아릴 량 **39** 무리 류 **40** 뭍 륙 **41** 말 마 **42** 살 매 **43** 곱 배 **44** 코 비 **45** 섬길 사 **46** 낳을 산 **47** 상줄 상 **48** 신선 선 **49** 배 선 **50** 고울 선 **51** 도읍 도 **52** 나그네 려 **53** 거느릴 령 **54** 헤아릴 료 **55** 바랄 망 **56** 팔 매 **57** 변할 변 **58** 받들 봉 **59** 獨立 **60** 良心 **61** 力量 **62** 勞使 **63** 陸軍 **64** 亡國 **65** 賣買 **66** 法案 **67** 變動 **68** 奉仕 **69** 氷庫 **70** 思考 **71** 寫生 **72** 産業 **73** 船長 **74** 落 **75** 量 **76** 相 **77** 選 **78** 商 **79** 惡 **80** 炭 **81** 有 **82** ⑦ **83** ② **84** ④ **85** ⑤ **86** ② **87** ① **88** ④ **89** ③ **90** ④ **91** ② **92** ⑤ **93** ③ **94** ② **95** 独 **96** 労 **97** 売 **98** ④ **99** ③ **100** ③

[제3회] 한자능력검정시험 5급 예상 문제 정답

1 설명 **2** 성질 **3** 세입 **4** 세면 **5** 약속 **6** 수석 **7** 순서 **8** 숙소 **9** 식별 **10** 신하 **11** 실감 **12** 건아 **13** 악의 **14** 안건 **15** 약혼 **16** 양성 **17** 어장 **18** 열기 **19** 엽서 **20** 요구 **21** 일요일 **22** 우기 **23** 우정 **24** 웅대 **25** 소원 **26** 원생 **27** 위인 **28** 이심전심 **29** 이목구비 **30** 적중 **31** 재회 **32** 천재지변 **33** 재정 **34** 인재 **35** 적신호 **36** 보일 시 **37** 고기/물고기 어 **38** 억 억 **39** 집 옥 **40** 완전할 완 **41** 목욕할 욕 **42** 소 우 **43** 구름 운 **44** 으뜸 원 **45** 언덕 원 **46** 자리 위 **47** 인할 인 **48** 맡길 임 **49** 다툴 쟁 **50** 쌓을 저 **51** 재물 재 **52** 써 이 **53** 집 원 **54** 원할 원 **55** 수컷 웅 **56** 빛날 요 **57** 잎 엽 **58** 더울 열 **59** 年歲 **60** 洗練 **61** 首肯 **62** 星宿 **63** 順理 **64** 識見 **65** 惡談 **66** 案內 **67** 熱心 **68** 完結 **69** 要約 **70** 雲集 **71** 元氣 **72** 願書 **73** 的中 **74** 性 **75** 洗 **76** 要 **77** 實 **78** 識 **79** 君 **80** 逆 **81** 尾 **82** ⑦ **83** ② **84** ④ **85** ⑤ **86** ③ **87** ④ **88** ① **89** ⑤ **90** ③ **91** ① **92** ④ **93** ② **94** ⑥ **95** 児 **96** 悪 **97** 実 **98** ⑤ **99** ⑥ **100** ③

[제4회] 한자능력검정시험 5급 예상 문제 정답

1 전래 **2** 전개 **3** 절약 **4** 일체 **5** 상점 **6** 정경 **7** 정지 **8** 조사 **9** 조심 **10** 졸업 **11** 종류 **12** 종결 **13** 죄명 **14** 주년 **15** 지식 **16** 질책 **17** 착륙 **18** 참고 **19** 선창 **20** 책망 **21** 철갑 **22** 초행 **23** 최상 **24** 축복 **25** 충원 **26** 치명적 **27** 규칙 **28** 타자 **29** 타향 **30** 택배 **31** 패배자 **32** 품격 **33** 필순 **34** 한식 **35** 효과 **36** 법 전 **37** 잡을 조 **38** 씨 종 **39** 주일 주 **40** 바탕 질 **41** 부를 창 **42** 꾸짖을 책 **43** 쇠 철 **44** 가장 최 **45** 빌 축 **46** 채울 충 **47** 이를 치 **48** 법칙 칙, 곧 즉 **49** 널 판 **50** 물건 품 **51** 반드시 필 **52** 붓 필 **53** 허락할 허 **54** 호수 호 **55** 될 화 **56** 본받을 효 **57** 전할 전 **58** 펼 전 **59** 典當 **60** 切感 **61** 情表 **62** 週期 **63** 知能 **64** 止血 **65** 質問 **66** 參加 **67** 他界 **68** 卓見 **69** 炭素 **70** 板子 **71** 必讀 **72** 山河 **73** 許可 **74** 店 **75** 罪 **76** 卓 **77** 患 **78** 黑 **79** 終 **80** 發 **81** 投 **82** ⑥ **83** ① **84** ③ **85** ⑤ **86** ⑤ **87** ③ **88** ① **89** ③ **90** ① **91** ② **92** ⑥ **93** ① **94** ② **95** 伝 **96** 鉄 **97** 参 **98** ④ **99** ⑥ **100** ③

[제1회] 한자능력검정시험 5급 실전 문제 정답

1 정가 **2** 가능 **3** 개량 **4** 거사 **5** 건물 **6** 격식 **7** 결승 **8** 결성 **9** 경중 **10** 경쟁 **11** 고정 **12** 과다 **13** 관객 **14** 광장 **15** 구면 **16** 구급 **17** 국장 **18** 규칙 **19** 능률 **20** 기본 **21** 기선 **22** 기약 **23** 단속 **24** 단상 **25** 당연 **26** 덕행 **27** 도착 **28** 독선 **29** 낙후 **30** 낭독 **31** 양호 **32** 도량 **33** 영수 **34** 노고 **35** 요리 **36** 흐를 류 **37** 일할 로 **38** 하여금 령 **39** 익힐 련 **40** 지날 력 **41** 어질 량 **42** 떨어질 락 **43** 재주 기 **44** 큰 덕 **45** 능할 능 **46** 생각 념 **47** 몸 기 **48** 귀할 귀 **49** 구원할 구 **50** 갖출 구 **51** 넓을 광 **52** 볼 관 **53** 관계할 관 **54** 지날 과 **55** 공부할/과정 과 **56** 굳을 고 **57**다툴 경 **58** 생각할 고 **59** 光明 **60** 路線 **61** 果然 **62** 病苦 **63** 弱者 **64** 失手 **65** 遠大 **66** 死活 **67** 畫門 **68** 社會 **69** 陽地 **70** 圖章 **71** 成果 **72** 美談 **73** 洋服 **74** 輕 **75** 景 **76** 結 **77** 價 **78** 朗 **79** 溫 **80** 當 **81** 凶 **82** ⑦ **83** ② **84** ⑥ **85** ③ **86** ② **87** ④ **88** ⑤ **89** ③ **90** ② **91** ① **92** ③ **93** ④ **94** ⑥ **95** 練 **96** 関 **97** 拳 **98** ④ **99** ③ **100** ⑤

[제2회] 한자능력검정시험 5급 실전 문제 정답

1 육지 **2** 망국 **3** 매표소 **4** 무지 **5** 배수 **6** 봉사 **7** 사병 **8** 사고 **9** 조사 **10** 산물 **11** 상대 **12** 상점 **13** 상품 **14** 선녀 **15** 선도 **16** 선수 **17** 성격 **18** 연세 **19** 세련 **20** 수도 **21** 숙명 **22** 순리 **23** 식견 **24** 실물 **25** 아동 **26** 약정 **27** 열심 **28** 옥상 **29** 완전 **30** 요약 **31** 우애 **32** 운집 **33** 영웅 **34** 어부 **35** 선악 **36** 바랄 망 **37** 병사 병 **38** 법 법 **39** 복 복 **40** 견줄 비 **41** 쓸 비 **42** 얼음 빙 **43** 사기 사 **44** 베낄 사 **45** 조사할 사 **46** 장사 상 **47** 서로 상 **48** 차례 서 **49** 가릴 선 **50** 성품 성 **51** 씻을 세 **52** 묶을 속 **53** 잘 숙, 별자리 수 **54** 순할 순 **55** 열매 실 **56** 책상 안 **57** 맺을 약 **58** 요긴할 요 **59** 失望 **60** 亡身 **61** 倍加 **62** 法規 **63** 變化 **64** 幸福 **65** 歷史 **66** 寫生 **67** 産苦 **68** 賞金 **69** 順序 **70** 善良 **71** 約束 **72** 養育 **73** 完成 **74** 案 **75** 養 **76** 序 **77** 順 **78** 歲 **79** 末 **80** 凶 **81** 買 **82** ③ **83** ⑤ **84** ⑦ **85** ② **86** ③ **87** ① **88** ⑤ **89** ③ **90** ④ **91** ② **92** ③ **93** ④ **94** ② **95** 変 **96** 写 **97** 軽 **98** ③ **99** ④ **100** ⑧

[제3회] 한자능력검정시험 5급 실전 문제 정답

1 원래 **2** 원리 **3** 병원 **4** 위대 **5** 이내 **6** 이순 **7** 인습 **8** 임용 **9** 재건 **10** 저금 **11** 적화 **12** 전시 **13** 정담 **14** 정거장 **15** 조리 **16** 졸병 **17** 착복 **18** 참견 **19** 책임 **20** 초급 **21** 최고 **22** 법칙 **23** 타작 **24** 석탄 **25** 택지 **26** 품위 **27** 패전 **28** 필기 **29** 하천 **30** 한기 **31** 해악 **32** 화석 **33** 환자 **34** 흉년 **35** 흑자 **36** 재목 재 **37** 해할 해 **38** 물 하 **39** 숯 탄 **40** 재물 재 **41** 처음 초 **42** 참여할 참, 석 삼 **43** 붙을 착 **44** 알 지 **45** 고을 주 **46** 귀이 **47** 마칠 종 **48** 마칠 졸 **49** 고를 조 **50** 머무를 정 **51** 뜻 정 **52**써 이 **53** 법 전 **54** 붉을 적 **55** 과녁 적 **56** 쌓을 저 **57** 재앙 재 **58** 두 재 **59** 元氣 **60** 原始 **61** 地位 **62** 因果 **63** 材料 **64** 戰爭 **65** 的中 **66** 傳記 **67** 凶計 **68** 效能 **69** 許多 **70** 必要 **71** 充當 **72** 初面 **73** 最近 **74** 寒 **75** 品 **76** 質 **77** 止 **78** 切 **79** 自 **80** 氷 **81** 成 · 勝 **82** ③ **83** ⑤ **84** ⑧ **85** ② **86** ③ **87** ④ **88** ① **89** ⑤ **90** ② **91** ④ **92** ⑥ **93** ④ **94** ② **95** 争 **96** 伝 **97** 冰 **98** ⑥ **99** ⑥ **100** ①

5급 배정 한자 200자 찾아보기